賽夏族

賽夏族矮靈祭

❷ ❸ ❹

❹賽夏族學童舞蹈

❸賽夏族矮靈祭送靈儀式中之跳抓芒草

❷賽夏族扛在肩上的月光旗

5 賽夏族盛裝男女

6 賽夏族竹屋

台灣原住民系列 46

賽夏族
神話與傳說

【布農族】
達西烏拉彎‧畢馬 著
（漢名：田哲益）

晨星出版

【推薦序】

龐大深邃的原住民口傳文學

一九九五年田哲益君應廣西民族研究所，邀請台灣學者到廣西從事學術交流，並展開壯族與苗族的田野考察，從此我們建立了良好的持續性的學術交往。

一九九六年吾亦經國務院對台辦公室批准，到台灣進行學術訪問，考察台灣原住民的歷史文化與風俗習尚。在台期間承蒙哲益君鼎立相助，研究順利，收穫豐碩；深情厚誼，刻骨銘心，終生難忘也。

哲益君是吾所認識在民族文化沃野辛勤耕耘的學者之一；哲益君是研究民族文化與民間文學著作頗豐的台灣布農族學者，其已出版成書的著作有二十多部，著作類型非常廣泛，研究領域包括台灣原住民、中國少數民族、中國民俗學、中國科學等。

哲益君海郵寄來五千頁的書稿，是其已經撰述完成的巨型著作之一，是一套台灣原住民神話與傳說口傳文學叢書，計分為十冊：《泰雅族神話與傳說》、《賽夏族神話與傳說》、《鄒族神話與傳說》、《布農族神話與傳說》、《排灣族神話與傳說》、《魯凱族神話與傳說》、《卑南族神話與傳說》、《阿美族神話與傳說》、《達悟族神話與傳說》、《邵族神話與傳說》等。

知悉哲益君又完成了多部著作，心裡非常欣奮，哲益君要我寫個序文，樂意之至。在大陸雖然也有一些有關台灣原住民民間口傳文學的著作，但是由於並非實地調查，對於台灣原住民文化的認識不夠，因此，閱後總有隔山望水之感。台灣也有一些台灣原住民的民間口傳文學著作，不過都是「總」的撰述，對於各族的民間口傳文學只能予人模糊而不完整的輪廓與概念。

　　無疑的，哲益君撰寫多年的這套台灣原住民神話與傳說口傳文學叢書，是目前大陸與台灣地區，用力最多也最深切的著作，而且是十族分別撰述與詮釋，對於研究台灣原住民文化將是最重要的參考資料。

　　仔細拜讀后，有以下體會，略寫于后，供海內外讀者與學術界、文化界參考：

　　原住民神話與傳說叢書具有龐大的訊息量與資訊，包含巨大的學術容量，給人以多方面的啟迪，方便吾人以後繼續作深入的研究。

　　原住民神話與傳說叢書收集龐大的材料，不管是書籍的、報章的、雜誌的、日據的、現代的、日人的、國人的、作者的皆所收錄，為目前原住民民間口傳文學收錄最多者，是作者數十年來收集積累的成就。

　　原住民神話與傳說叢書的每一則神話傳說故事都是實錄，沒有增添臆測或加油添水，忠於事實的真相與本質，這是民族人類學研究者最基本的學術態度。

　　原住民神話與傳說叢書以族群為主體分別撰述，作者把握該族群的文化特色，加以詮釋與註解，便於族外人理解。

　　原住民神話與傳說叢書的每一則神話傳說故事，作者皆作分析與說明，使故事的意義明朗易解。

　　原住民神話與傳說叢書對於同類型式的神話傳說故事會作比較之研究，使故事內涵更明白易懂。

　　原住民神話與傳說叢書，作者運用了夾敘夾議的手法，適度的提出批評與討論，有時亦會褒貶撻伐故事中的人物，體現了正直學者的學術良知。

　　原住民神話與傳說叢書，作者善於運用該族的文化以解釋該族傳說故事的內容與意義，此種以文化解釋民間口傳文學的功

力，實非長期研究與觀察者所能為之。

　　原住民神話與傳說叢書，作者以該族文化為主體釋意，這樣對於口傳文學的解釋就不致偏離軌道，甚至牛頭不對馬嘴。因此作者對於該族口傳文學的詮釋，無懈可擊。

　　原住民神話與傳說叢書，作者會投入民族情誼，表示讚賞與認同，並且有積極性的建議與觀點。表明了作者身為原住民的一員的鮮明態度，表達了作者崇高的情操和深切的人文關懷。

　　原住民神話與傳說叢書，作者均投入民族感情，又不帶民族偏見與民族溢美。作者雖有原住民布農族身分背景，而最大的忌諱之一便是以民族偏見去研究本民族，而導致只視優長之處而無視於缺點的溢美問題，作者顯然正視此問題，對於其所見之缺點，絕不護短，該指責則貶之，體現了作者作為一個學者的科學、求實的態度。

　　原住民神話與傳說叢書，貫穿了作者濃郁的民族憂患意識，表達了一位原住民學者對民族文化發展前途的殷切期望，對於他深厚的民族責任感，我們深受感動。

　　原住民神話與傳說叢書，作者建立了理論體系，台灣原住民民間口傳文學的理論構架系統從模糊臻於明確化。

　　原住民神話與傳說叢書，分類獨具一格，符合台灣原住民各族的歷史實際，為學術界深化對原住民歷史與文學的認識有所斐益，也為民族人類學界和歷史學界研究中國和世界各民族民間口傳文學提供了頗有典型意義的實例，豐富了中國少數民族研究的資料寶庫。

　　原住民神話與傳說叢書，從各書章節的標題可以看出，結構設置條理基本掌握住了原住民各族群的社會與文化的主要內容，構思是全面與周詳的，對讀者了解台灣原住民歷史發展的脈絡頗具參考價值。

原住民神話與傳說叢書，作者謀篇佈局周詳，與作者對材料的熟悉程度密切相關，這又得益於作者長期研究與厚實田野調查的積累，體現一個民族學者的特殊關注。

原住民神話與傳說叢書，表現了一個客觀的人類學者調查和研究各民族的文化，需要正確對待和慎重處理的態度，顯然作者的論述，符合了這個條件。

原住民神話與傳說叢書，作者運用了社會學、語言學、文化人類學、醫學、地質學、考古學、歷史學、地理學、科學等學科旁證，以增加說服力。這些特點在各書中都有生動的體現。作者正是依靠多學科材料的梳理辨析，從線索中解釋口傳文學，得出科學、可靠的學術結論。

原住民神話與傳說叢書，作者十分重視這些神話傳說故事中蘊藏的歷史真實與史料價值，透過分析考證某些具體的歷史問題，是民族學者習用的研究方法，作者能夠得心應手，運用自如，加以辯證之。

原住民神話與傳說叢書，作者微觀論析具體，顯然做到了駕馭和使用各類原始材料的能力。如果作者沒有很好的文學修養，顯然是不行的。因此閱讀作者的每一部著作，文筆流暢，讀之順暢無礙。

原住民神話與傳說叢書，作者既有宏觀的整體把握，又有微觀的細部深入，宏觀與微觀兩者進行辯証統一的研究，構成了這位原住民學者的一個顯著研究特色。

原住民神話與傳說叢書，作者發揮其身為原住民布農族的優勢，為民族文化與文學的發展、繁榮做出了重要貢獻。

原住民神話與傳說叢書，作者以樸實、流暢的文字為我們描繪了一幅幅生動鮮活的畫卷，一步一步導引我們走入原住民的心靈世界，使我們深切地感受到原住民的生命意識與熱愛生命的氣息。

　　原住民神話與傳說叢書，作者收錄材料豐富，描述細致、具體，但沒有給人以臃贅之感，實為難得之佳作。作者論述頗中肯綮，實為不刊之論。

　　總而言之，我從哲益君的著作中，獲益匪淺，我們對於哲益君這部台灣原住民神話與傳說叢書著述的評語：這是一部台灣布農族學者寫作的台灣原住民族民間口傳文學，優秀的民族學與文學著作，作者體現了他熱愛民族的抱負；台灣原住民神話與傳說叢書是頗有學術份量與說服力的巨著，在中國民族學學科領域增添了新鮮的材料，作出了可貴的貢獻。我們也看到了台灣少數民族學術隊伍的實力，我們衷心地祝賀哲益君的學術成就。

覃聖敏 序於廣西民族研究所

2003.06.13

【作者序】

記錄原住民文化的瑰寶

　　從日治時代至今不知有多少中外人士在不同的時間與空間進入了台灣土著原住民族的生活領域，進行人類學研究調查訪問，搜集原住民族的口述歷史文化史料與文學材料，俾便整理出原住民的發展來源與進化的歷史過程，經過科學分析與研究，從而整理出原住民的發展史、來源、語言、藝術、文學、宗教、信仰、道德、法律、風俗、習慣等，將研究成果公諸於世，原住民神秘的歷史文化於是日臻明朗化，這些成果皆歸功於這群默默辛勤調查研究的前輩學者們。

　　人文社會科學研究，總是在前賢的基礎上前進的，有了前人筆路藍縷的開拓，後人才有平坦寬廣的大道；有了前人種樹，後人才有乘涼的地方；有了前人深入不毛之荒涼境地開拓學術領域，才有後人的開花結果。

　　前賢探索原住民的民間口傳文學，或從宏觀的角度去研究，或從細部的微觀深入，兩者都已經有了相當的成績，從而自民間口傳文學中獲得一個民族的族群發展、社會制度、經濟生活、信仰祭儀、生命禮俗、生活習尚、藝術表現、邏輯思維等等的大致輪廓。

　　後人便踩踏著前人的足跡，就前賢的成績，繼續豐富之，又據新的材料使之更為充實與完整：這一套台灣原住民神話與傳說叢書即是前賢研究成績的完滿呈現，是前賢們的集體成就。

　　台灣原住民自古以來即無書寫文字，因此口耳相傳的神話傳說故事就成了傳遞民族文化、歷史薪火的唯一工具，所以研究原

住民的文化歷史，研究民間口傳文學是最直接的途徑之一。

　　冀望本叢書能夠對於台灣原住民的文學、歷史與文化的研究有所助益，願望原住民繁衍不息，如烈日般熊熊發亮，原住民的智慧永續承傳，原住民的生活快樂健朗。

　　謝謝恩師政治大學中文研究所黃志民博士引領進入中國民俗學的研究領域，謝謝曾經指導過我田野調查的俄羅斯漢學家李福清B.Riftin博士。

　　謝謝文化大學中文研究所金榮華教授以及逢甲大學歷史與文物管理研究所陳哲三教授對於拙著台灣原住民神話與傳說叢書的指導與提出許多寶貴的意見，使本書更具價值；亦謝謝廣西民族研究所研究員覃聖敏先生的飛函推薦，使筆者備感榮幸。

　　台灣原住民神話與傳說叢書，得以成書，感謝內子全妙雲女士不畏風雨與辛勞陪伴著我到部落田野訪查，充擔我的私人司機，使我能夠安心從容的從事民族文化的研究工作，更感謝的是長期關注原住民的晨星出版社陳銘民先生，以及編校筆者台灣原住民神話與傳說叢書的薛尤軍小姐。

　　筆者資材駑鈍，恐多疏漏與未逮之處，祈願拋磚引玉之效，尚祈海內外專家學者與讀者，不吝指導與糾正，祝福您生活美滿。

田哲益 於山水居

2003.06.13

CONTENTS

目次

賽夏族神話與傳說

【導讀】

原住民的神話與傳說　　　田哲益

　　「文化」一詞，可以說是生活的總稱，是一個綜合的整體，為一個民族的根與文治教化。人類社會由野蠻而至文明，其努力所得之成績，表現於各方面者，為科學、藝術、宗教、信仰、道德、法律、風俗、習慣等，以及其他作為社會一分子所獲得的任何能力與習慣，其綜合體，則謂之「文化」。

　　文化可看作是成套的行為系統，而文化的核心則是由一套傳統觀念，尤其是價值系統所構成，由此而形成一個民族的特殊表現。

　　一個民族，「文化」正是其根本命脈；一個民族如果沒有文化，便等同滅族了，相對的，一個民族要興旺，必須讓自己的文化特質，使之發揚光大。

　　原住民的歷史信史時代雖然只有短短的四百年，但是其神話與傳說故事內涵稱得上博大精深、淵遠流長。

　　不過原住民與漢系文化交融以及在西洋文化的衝擊下，原住民文化的內涵，幾乎就要漸漸淡出，如何讓固有優良文化，得以保留和傳承，甚至發揚光大，確實有待吾人努力。

　　台灣原住民是沒有文字的民族，其文學和文化的傳承即是靠口耳相傳的神話與傳說故事。

　　原住民神話傳說故事是台灣文學的一部分，也是原住民文化重要的部分。原住民的民間文學傳述的方式都是口耳相傳，因此很容易散失，在這樣的情況之下，原住民的文學一定要在自己歷史文化的脈絡裡面建構出自己的系統。台灣的文學如果沒有原住民的文學，尤其是神話傳說等作為基礎的話，對台灣文學的發展是一個非常嚴重的遺憾。

　　今日時局，原住民文化的內容多只強調文物的展示而已，而忽略了文物內涵中的風化與教化作用；換言之，在整個文化內涵的表現上，只有實物等部分的呈現，而「風化」與「教化」的影響，卻一點都看不出來；族人的文化氣質並沒有提昇，原住民社會依然充滿了各種迷惑、失落與媚外的現象，令人擔心與憂懼。

　　台灣原住民文化從何源起？其文化特色為何？有趣的是，台灣本島原住民族群並非由單一民族所構成，按語言、風俗、習慣、生理特質與民族性，都有其截然明顯的分界。本套叢書則是以各族群為主體，透過個別化來處理，以避免在理論架構上犯了概念籠統的忌諱。

　　神話是一個民族的夢，台灣原住民的神話傳說非常純真與無邪，是追求理想與企圖突破困境的渴求；原住民的神話與傳說故事是構成其文化的最主要依據，內涵豐富繁多，其有諸多之特色：

　　原住民的神話與傳說故事在許多不同之族群或地方上的觀念是共通的，也有許多神話與傳說故事是相同的。

　　原住民的神話與傳說故事雖然不是長篇巨構，但是情節豐富複雜。

　　原住民的神話與傳說故事不離於道，即「真理」與「因果」，凡事皆顧慮到「天理人情」，闡明因果真理，因此能夠產生移風易俗的「風化」與教化作用。

　　原住民的神話與傳說故事強調群性的勸戒與教化，絕少標榜個人與師心自用，以免陷入自我為主與不顧天理人情、不講因果，甚至違背真理之事實。

　　照現代台灣原住民的生活上面觀察，原住民同胞很開朗、健壯、誠實、擅長歌舞與運動等等，其神話傳說故事亦粗獷、原始、幽默有趣、真心誠摯。

　　原住民神話傳說故事是原住民日常生活實踐行為的準則，傳說中有許多禁忌信仰與宗教儀式故事等，皆是族人的行儀規範；原住民的禁忌信仰蘊藏著經驗智慧的思考，他們就是靠著這些傳說故事避過一次又一次的天災人禍；古代原住民知識未開，因此沒有辦法以進化論和生物學的觀點告誡子孫，因此藉神話傳說故事、禁忌信仰，告誡子孫不要違反自然的規則；這樣的思考，以今天生態學的發展過程來看，是非常進步的一種生態思考。

　　原住民的神話傳說故事蘊藏著很獨特的思維模式，其中蘊含了一種對上天的尊敬：人只是生命網路中的一部分，不是生命界的全部，只有和自然界保持和諧，才能夠找到救贖。

　　原住民神話傳說故事多具勸戒性，這顯然就是希望藉諸一些人為的創作來從事改變部落社會的塑造功夫；當然，成效如何，關鍵就在於人為的力量怎樣去強力實施與實踐。

　　原住民神話傳說故事裡祖先的教訓，是無時無刻存在的，用以強化口傳的權威性與實踐面；族人的行為習俗有了既定的規範，和可循的方針，就不致發生驚世駭俗逆倫之事。

　　原住民神話傳說可以說是原住民各族群整個歷史動力的來源，原住民各族群皆有豐富的族群創世說、來源說及發展說等神話與傳說故事。

　　原住民神話傳說故事是一種集體性的創作力量，並進而成就一個族群做為主體所具有的「個體性」；原住民各族群難免有許多相似或重疊的神話與傳說故事，但是其所存有的意涵卻不盡相同，都有其個別且特殊的意義。

　　原住民神話傳說故事有其個別的、具體的獨特性。三百多年前，西班牙及荷蘭時代便用懷柔、愚惑政策，企圖以宗教教義歸化原住民，明鄭及滿清時代雖略有經營，但成效不彰；日治時代之隔離與奴化政策，也使「順良日本臣民」的「皇民化」陽謀付

諸東流，而原住民文化千百年的傳統獨特性，卻沒有消失或變質，僅是在生活起居上微波盪漾，稍有變異而已，這就是靠著神話傳說故事繼續著其文化的延續。

原住民神話傳說故事具有外塑的力量，潛移默化，讓部落族人一體遵行，並且有因果與神罰的意識。

原住民神話傳說故事具有「人文化成」的人格論，著重個人的修養、努力與成就，例如織布、狩獵、道德修養、英勇禦敵等成績，皆為族人所敬重。

原住民神話傳說故事，男子狩獵於林野間等於是他們生命與自信的泉源，狩獵文化對原住民而言，扮演了生命禮俗及社會組織化的實質過程；透過生態教育認清自己的渺小，而更謙卑仁厚地跟萬物相處，尊重每一物種的生存權，適度地運用而不巧取豪奪。

原住民神話傳說故事，歌謠與舞蹈是原住民族長久以來情感與肢體協調及精神氣度活化的結晶，原住民的歌舞與神話傳說文化的脈絡有著緊密關係，他們唱歌不僅僅是要表現個人的情感，很多的部分其實是集體向天神表達其虔誠的心聲。

原住民神話傳說故事，自古以來即重視男女兩性教育，實施軍事教育、宗教教育、禁忌教育、倫理教育、工藝與技藝教育、生活教育、狩獵漁撈與農耕教育等等；不容否認的，原住民神話傳說故事中的宗教教育與禁忌教育，影響原住民最深刻也最重大。

原住民神話傳說故事，祖靈崇拜（祭祖）涵蓋著原住民的人生觀、價值觀與社會觀和邏輯觀。

原住民神話傳說故事如日常生活所用的服飾、裝飾與器用等等具物質性介體之背後，都有其象徵意涵；可惜原住民豐富的文物，在缺乏認識、鑑賞及運用下，失去文化推廣、教育與利用功

能，殊為遺憾，畢竟人類諸多偉大的藝術與發明，都是啓發自這些智慧文物。

原住民神話傳說故事具有道德與倫理的涵育與實踐，例如：親情的倫理與道德、民族的倫理與道德、父子的倫理與道德、母子的倫理與道德、兄妹的倫理與道德等等。

原住民神話傳說故事具有生命境界的培育，大凡一個人自出生開始即必須透過各種進階人生的生老病死，死後還有「善界」、「祖靈之境」、「鬼界」、「鬼靈之界」等概念。

原住民神話傳說故事對於整體人類具有反省、有批判、有想像、有創意、且有特色的反應。

原住民神話傳說故事對於勤儉善良者予以褒獎，暴戾者予以懲罰，甚至使之消聲匿跡，隔離人寰。

原住民神話傳說故事的本質是具集體性的，所以其內容則必然是跨世代的，即從上一代傳給下一代，而且，可以連續好幾代一直流傳下去。

原住民神話傳說故事可知古代原住民是過著群體生活的社會，服從、互助、協調性極高，是樂天知命的民族。

原住民神話傳說故事具有用集體的力量來成就整體，基本上是運用透過種種具體性的社會制裁來推動，最後付之實踐，使它具形化，展現這樣具形化的現象，最具體而微的就是表現在生活方式上面。

原住民神話傳說故事具有企圖透過神話政治的手段來捍衛土地與經濟利益，推動部落政治體制的基本歷史形式。

某些原住民神話傳說故事具有創造階級屬性的特殊形式，例如排灣族、魯凱族之貴族與平民制度，卻帶動了整個部落的活潑氣息與發展，舉凡雕刻藝術、建築藝術等蓬勃展開。

從原住民神話傳說故事中可以看出，原住民生活中不變的核

心價值觀念是土地、植物、動物和同族群的和諧，原住民的小孩從小時候起就被教育要在土地、植物、動物和同族群族人之間保持和諧。

台灣原住民的經濟在歷史發展的過程中，絕對不會離開它的基本生產要素——土地，亦即在台灣這塊土地上種植農作物、畜養牲畜、涵養森林和撒網捕魚；因此原住民各族群都有大量與土地、農耕、作物、狩獵、動物、植物等相關的傳說故事。

原住民各族群由於居住的地區與地域不同，就產生不同的文化，這些都很明顯的反映在神話傳說中的慶典、宗教、建築、藝術、物產、語言、風習以及歷史傳統上。

從原住民神話傳說故事中可以看出，原住民各族群是互助、分享的社會生活方式，是將有限的自然資源做最有效的分配和分享。

從原住民神話傳說故事中可以看出，原住民各族群尊重大自然，學習與大自然、土地共榮共存，這是現今全球對人類反省的共識和人權主張的原則；自然界擁有繁複多樣的生態資源，人類的生命來自大地，原住民對於所賴以安身立命的大自然恆常存有一顆感恩、敬畏的心與孺慕的情懷；原住民神話傳說故事之創作、孕育者，都滿懷著自然生態的思考。

從原住民神話傳說故事中可以看出，古代原住民對於大自然的各種災禍例如：洪水、地震、海嘯、颱風、瘟疫等等，有著危機處理的意識和應變的能力。

台灣原住民分布的範圍很廣，因為區域性的不同，因此文化的表現也不盡相同，本叢書對於不同的原住民族群，考慮其獨特性與個別性，予以分別詮釋，亦即將原住民十個族群分別立說，以使各族群的文化有一個完整的輪廓形象與整體的觀念思維。

自古以來，台灣原住民社會一直持續的變化，不同時期的原

住民社會環境和社會關係不斷的改變；原住民納入複雜社會後，社會形式改變，而其原來社會與文化的基礎已然處於消失和脫離的狀態，由於進入當代社會之後，原住民在社會體系層面受到外在社會的影響，文化的象徵面相便顯得特別重要。本叢書纂述台灣原住民十族神話與傳說故事，即是冀望原住民傳統文化表徵之重現，而原住民獨特的傳統神話、傳說、故事，實為建構原住民文化與生活的依據之一。

明末延平王鄭成功東征，驅逐荷蘭人，重兵屯墾，台灣始正式編入中國閩粵文化的版圖；自清朝閩粵移民入台至日人的強奪，台灣可說歷盡滄桑，而原住民也就在近代由原始生活的狀態下，在短時間裏捲入文明社會的洪流裏；無疑地，生長在此時代的原住民同胞們，生活形態正面臨著另一種空前急遽的變遷。

際此同時，原住民文化必須面對新的挑戰，最主要的是在現代化急流中原住民文化將何去何從？她將以甚麼姿態繼續繁衍下去？這是吾人所最關心的問題，本叢書是將原住民最精華的神話傳說故事文化整理出有系統的一系列套書，對於原住民文化、文學、神話、傳說、故事、生活、宗教、政治、祭儀等等的研究，或可造成影響與貢獻。

在今日社會一般評價原住民所給予低劣的印象，譬如嗜酒、不善儲蓄、自卑、過著沒有前瞻性的生活，這種蓋棺論定的評論，在遽變的原住民社會中，實在令人不敢苟同，將過度時期之特例視為原住民文化千百年來之傳統代表，不但以偏概全，而且論斷之幼稚令人莞爾；過去的原住民在未受到現代大文化的衝擊時，絕不是過著嗜酒、不善儲蓄、自卑的生活，反而是過著自信與積極的生活態度；論者不但沒有給予關心與伸出友誼的關懷，企圖解決原住民當前的困境，尋求原住民的出路與未來，甚至可以說是污衊了原住民的先人。

　　一個國家，不論是由一個或多個種族所組成，一旦成為一個國家，便應存異求同，形成多元一體的文化。

　　台灣原住民文化亦是台灣文化重要的資產，如何整頓、提倡、維護、澆灌，實為當務之急，而不是淪為口號。

　　以關愛國家提倡文化，這才是「智者」的行為，今日，國人多有自卑而崇洋的現象而忽略了自己本身的文化之美，更忽略了少數族群或民族的優美文化。

　　社會的發展乃一整體性的演進，雖然原住民社會的一些舊秩序，將不可避免要面對絕望的、悲劇的、無能為力的、逐漸被消化殆盡的下場，為了防範淪為滅族的命運，揆諸各民族都不免帶有自尊的成份與優越的色彩，尤其原住民族更應拿出自信心，相信自己的歷史文化，堅守優良的傳統，並自信有能力解決所遭遇的任何荊棘與困頓。

　　用心關懷原住民，舉凡文物的維護與保存、民俗的提倡與發揚，具體地在各鄉鎮設立原住民文物館、各縣市設立原住民文化中心或研究開發中心等等，原住民文化的再生與再造開拓才有可能；本叢書本著歷史性的契機與文化深耕的舞台，務使原住民文化重整旗鼓與發揚光大。

　　本叢書在原住民優美文化涵育下建立原住民神話與傳說口傳文學完整體系，冀望原住民文化薪火永續。

　　由於台灣地區的原住民沒有自己的文字、文化背景特殊、生活環境資源貧乏，導致原住民社會逐漸解體，文化瀕臨消失，本叢書的撰述，對於原住民的文化教育，希望產生啟迪的影響作用。

　　過去對於原住民的探討，非常缺乏從原住民的神話與傳說的民間口傳文學觀點去了解原住民的文化，台灣原住民各族嚴格說是一個尚未創作文字的民族，因此其所賴以生存的文化空間即存

於神話與傳說中和由此空間所形成之民族個性與表現；本叢書即是企圖將原住民的深層文化展現出來，除了從外在社會去檢討外，更從原住民內部的文化去著手詮釋，如此原住民社會的親族制度、部落制度、經濟制度、宗教制度、社會制度、傳統風俗、思想邏輯等等，都將提供很好的思考切入點。

原住民文學不僅在內容上可以豐富台灣文學，在語言的譯解運用上，亦能使漢系族群文學的構辭及修辭意涵，得到更多的創造空間。

台灣是多元文化的社會，多元文化所賦予的符號意義是什麼呢？基本上就是「差異」，因此創造多元文化的意義，就是創造具有美感的「差異」。

多元文化之原則是基於尊重各原住民族傳統風俗、信仰與文化差異，使各民族與各族群保有各自獨特的生活方式與文化，並在一個相互依存、尊重、平等及包容的關係上共同互賴生活。

當前台灣原住民面對的真正困境可能還不是發展的問題，而是民族生存的問題，只有落實多元文化價值，原住民本身自立自強，才能建立雙贏互利。

尊重原住民族傳統對文化孕育之土地、場所，應該予以保存，並培養國民尊重、鑑賞不同民族文化之態度與觀念。

尊重原住民的歷史、語言，促進多元民族文化，肯定原住民族維護與發展自己民族的社會、文化、財產、政治、與價值觀的自主權力；只有尊重原住民文化，才能對台灣的文化內涵做出貢獻。

為了原住民的生存與延續，不管在政治、經濟、教育、文化與語言方面的扶持，都應以國家的力量特別予以保護。

確認原住民族是台灣歷史的起點，台灣任何有關的主張與宣示，必須從這個本質與演變的脈絡概念開始，進行台灣歷史詮釋

的認識和基礎,整體政策規劃的權利重組才有真正的族群正義。

協助編輯原住民各族的鄉土文化教材,以促進原住民文化保存與傳承,整合資源,促使原住民部落歷史重建、文化藝術及語言復振,有系統發揚原住民族的文化。

政府應依原住民族意願與尊重、平等、多元而發揮社會正義精神,絕對保障原住民族教育文化權,充分發展原住民教育,並保有其持色及文化傳統,建立多元發展的教育制度。

國民教育應納入多民族文化之差異,相互尊重等概念,在現行教育體制下,儘速增設原住民文化教育機構,以推廣與保存文化機制,有效傳承與發揚原住民優良傳統文化,培育原住民多方面的人才;事實上,原住民族教育政策不僅在於民族文化的「挽救」,更在於促進民族文化的再生。

文化的重要性,在於它是各種制度的生命內涵,在於它是一個民族和社會精神之所依托,所以世界上任何一個文化如果不能夠建立自主性,則其亦不能自我向上昇華。

台灣由於特殊的歷史環境與歷史的經驗,台灣文化最早的根源是南島語系的原住民文化以及閩粵文化,讓台灣的文化景象非常的多元,充滿生命力、創造力與充滿多元性。

台灣的文化如同一道絢爛的彩虹,原住民文化也是其中亮麗的一種色彩,如果少了這樣的色彩,彩虹就不再美麗與燦爛。

由於現代文明的引入,使原住民文化在久經壓制與衝擊之後,有逐漸流失和衰頹的趨勢,但是學術界和民間團體的長期關懷和努力,使原住民文化仍能達到相當程度的保存,然而這種保存僅是一種靜態的文物展示和學術研究資料,仍缺乏一種動態性生機和前瞻性的開展,如果原住民教育的目標僅著重於「維護」文化,顯示它仍是一種靜態的、被動的、非生機性的目標,欠缺積極發展的功能;當前原住民族群的當務之急,不僅是如何透過

教育制度來維護、傳遞、擴散文化，更需要透過教育來融合外來文化，創造文化，開展文化的生機，當然守住自己的文化也是要靠自己自我意識的覺醒與努力。

我們期盼生活在台灣的原住民各族群人民，能夠正視自己優良的傳統文化，重構自己的根，大聲的唱著自己的歌，乃至於宗教儀式、藝術活動、傳統手工藝、道德價值觀、宇宙觀等等都能復振起來，以原住民文學藝術與生活樣態，特別是以神話傳說與宗教為素材的音樂、舞蹈、文藝、影藝等創作，也如雨後春筍般的出現。

第一章

賽夏族創世神話口傳文學

壹、賽夏族是台灣原住民早期民族之一

一般學者相信，台灣原住民最早移入台灣的，可能是距今五千年前的泰雅族和賽夏族。從賽夏族「巴斯達隘祭典」（矮靈祭）窺知，此族在台灣的歷史與「先住民矮人族」有密切的接觸和關聯，應屬早期民族之一。賽夏族或許在數百年前，曾經打敗過矮黑人，甚至把矮黑人消滅，佔領了矮黑民族的領土。從賽夏族能夠消滅矮黑人並且佔領了矮黑人領土的觀點來看，賽夏族昔日可能是大族，但是後來受到其他種族競爭，逐漸被同化，人口也漸漸減少。①

許多學者相信賽夏族與泰雅族是最早移入台灣的兩支族群，即大約於西元前的第三個千年（Third millennium B·C）之間，距今約五千年以上，即來台定居，當時可能還是先陶時代（Pre-ceramic age）。②

台灣史前文化來源，包括中國、中南半島、菲律賓、印尼、印度。但因史前的「台灣人」，距今遙不可及，目前無法斷定他們是今天台灣十九種族（平埔族有九族，原住民有十族）住民，是哪些民族的祖先。這長達數千年到萬年的文化斷層，不知，到底台灣真正的「原住民」是矮黑人還是原住民、平埔族或漢民族？據考證，台灣歷史舞台，先後出現的民族，除了「史前人」之外，再來可能就是，已經絕種的「矮黑人」，然後才是「原住民」，再來是「平埔族」，之後才是「漢民族」。清代對於台灣矮黑人的記載並不多，因此，若曾經實際存在，比原住民更早在台灣的「先住民」矮黑人，也已經在台灣滅絕兩百多年了。然至今天，台灣原住民各族之間，卻還有許多關於矮黑人的傳說，這種傳說，同時存在於泰雅、布農、鄒、排彎和賽夏等五族的傳說中，賽夏族到現在，每隔二年還舉行一次「矮人祭」，就是祭拜矮黑人，目的在避免咒語帶來災禍，同時感恩與祈福。③

貳、賽夏族始祖創世傳說故事

陳春欽氏著〈向天湖賽夏族的故事〉載有向天湖「分姓與遷徙」的傳說故事：④

> ebe-nabon是賽夏族的始祖，所有本族的規矩
> kasbuang都是他傳授給我們的。他的太太叫maja-nabon，
> 兩人本來是兄妹，都住在大霸尖山，該處的石頭，都長
> 得像人一般。兩兄妹結婚後，只生了一個小孩。……

本則傳說故事對於賽夏族的創世始祖，很清楚的指稱：ebe-nabon（男始祖）和maja-nabon（女始祖），兩人本為同胞兄妹，結婚後，只生了一個小孩。

本故事對於賽夏族的始祖創世地也很明白指出是「大霸尖山」。

范純甫主編《原住民傳說（上）》載〈原住民和漢族的來源〉：⑤

> 傳說很早以前，台灣的崇山峻嶺中，萬能的神創造
> 出一批人來。這些人就住在一塊兒，形成了一個部落，
> 安居樂業平平靜靜地過著日子。……

本傳說故事謂人類創世是「很早以前，台灣的崇山峻嶺中，萬能的神創造出一批人來」。本則故事是「神造人說」。

林道生《台灣原住民族口傳文學選集》載卡拉灣社〈創世神話〉：⑥

> 太古，神創造人類，還在其最初的土地上建設小規
> 模的部落時，有一次起了大洪水，人們四處離散，不知
> 生死。……

本則故事是賽夏族的始祖為神所創造的傳說。

參、賽夏族截人肉創生傳說故事

在世界各民族的創世神話裡，關於民族的誕生樣式繁多。有從煙生、有從石頭（或陶壺）生、有從植物生（竹、葫蘆、樹、葉）、有從蛋生（蛇蛋、蒼蠅蛋）。當然人也極可能是神所造的，神造人所用的材料，有時是泥土、有時是茅草，甚至於把人當成植物，用播種的方式，在大地滋長。神有時不喜歡繁瑣，也有明快俐落的處斷，乾脆自己從天而降，再從腋或從膝生人；或稍微委婉，從天降下男女二神；或更費神些，天降一神，再與地上一人或一動物相匹配，然後生人。然而，更有些時刻，人間早已有人，已不知繁衍多少世代，甚至因故絕種，然後更新繁衍，當然在種絮綿延青黃不接的時刻，往往借用神力，再度創世，終於誕生了本民族。賽夏族的創世神話，便是這種「再度創世」。⑦

《番族慣習調查報告書第三卷賽夏族》：⑧

> 太古時代台灣發生大海嘯，陸地全部變成海洋，只露出papakwaka'（現在的大霸尖山）山頂，當時織布機的主體部份（族語oko'）隨著海水漂流而來，'opoh na bolhon（不確定其為何人，應該是神）把它撈起來，發現裏面有一孩童。'opoh na bolhon將該孩童殺死，把他的肉、骨及胃腸切成細片，包在樹葉裏投入海中，之後各片即轉化為人類。從肉變來的是我們saisi jat族的祖先，從骨頭變來的是saipapaas（tajal族）祖先，從胃腸變來的是客家人的祖先。

太古時代發生大海嘯，只剩大霸尖山山頂露出水面，有織布機物件漂來，內有一孩童，'opoh na bolhon撈起把孩童殺死，將其肉、骨及胃腸切成細片，包在樹葉裏投入海中，之後各片即轉化為人類。從肉變來的是我們賽夏族的祖先，從骨頭變來的是泰雅族的祖先，從胃腸變來的是客家人的祖先。

　　陳春欽〈向天湖賽夏族的故事〉載有向天湖「分姓與遷徙」的傳說故事：⑨

　　　　ebe-nabon是賽夏族的始祖，……他的太太叫maja-nabon，兩人本來是兄妹，都住在大霸尖山。……

　　　　兩兄妹結婚後，只生了一個小孩，夫婦倆人就說：「只有我們兩人活在世上沒有用」。於是將小孩切碎成肉塊，丟到水裡，這些肉塊就變成人。當切成肉塊時，已經將各姓分好，切成幾塊肉就生出幾個姓。最後來的那個人沒有姓，他就是泰雅族atayal的祖先，他在分肉的時候沒趕上，所以他講的話不一樣，泰雅族現在也沒有姓sinlaihou。……

　　賽夏族始祖創世神話，在台灣原住民諸族中，獨具一格，爲「截人肉化人」型。故事中賽夏族的祖先屬於「同胞配偶」型，以同胞兄妹成爲配偶而繁生人類。本則故事，一對同胞配偶型夫妻爲賽夏人之祖先，男祖先爲ebe-nabon，女祖先是maja-nabon，因爲只生下一位小孩，生活在世上，人類不多，覺得沒有意義，希望能有更多的人生活在這個世界上，於是就把他們生下的小孩，切成十數個肉塊，丟到水裡，這些肉塊就變成十數個人了，這十數個人就是現在賽夏族各姓氏的祖先了。

　　按目前賽夏族人有十五、六個姓氏，而且每一個姓氏的背後皆有其特殊的圖騰作爲姓氏的標誌，也有著特殊的起源神話與傳說故事。故事中提到泰雅族人也是這時候創生的，因爲他沒趕上大家在一起分肉，所以他講的話就不一樣了，他也就沒有「姓」了。此說或許暗示了賽夏族與泰雅族自古以來即有密切關係，或有頻繁的往來。⑩

　　故事中謂「泰雅族現在也沒有姓sinlaihou」，這是頗符合事實的，按泰雅族的命名法是屬於「連名制」，即「父子連名」。

范純甫主編《原住民傳說（上）》載〈原住民和漢族的來源〉：⑪

　　傳說很早以前，……有一次，烏黑的天空上突然颳起颱風，傾盆的暴雨下個不停。山洪挾帶著高山的巨石和泥流呼嘯而下，河裡的水一尺尺地上漲，一場可怕的洪水頃刻間就沖到人們居住的部落裡來。在部落裡，人們驚慌失措，母親顧不了孩子，丈夫丟下了妻子。洪水如狂風掃落葉般地刮走了所有的房屋、樹木，也把部落裡的人們沖得無影無蹤。

　　在這萬分危急的時候，部落裡有個男人正好站在織布機旁，他匆忙地抓住身旁織布機的經線筒（經卷，原住民的織布工具，用樹幹挖空而成）。儘管洪水像猛獸般地將他沖走，他還是雙手緊緊地抓住經線筒，隨波逐流，昏昏沉沉地水流沖到西士比亞山上。後來，雨勢逐漸地變小了，洪水也一寸一寸地退到河谷裡。這幸運的男人死裡逃生，無力地躺在山頂上。

　　突然，天空電閃雷鳴，西士比亞山頂上出現了一位高聳入雲的神。他滿懷憂慮地望著山腳下水面上漂浮著的樹枝和人們的遺骸。「難道說神所創造的人類，就這樣滅絕了嗎？」西士比亞山的神，難過地低下頭來，卻瞥見腳下躺著一個臉色蒼白的男人。重造人類的希望湧上神的心頭，他順手抓起那個男人，把他的皮肉投入山腳下波濤滾滾的大海裡。一種令人難以置信的奇蹟發生了；男人的皮肉一碰到海水，就變成一個個活蹦亂跳的可愛人兒。他們歡快地泅水，到達岸邊就安營紮寨，建立村社，生活下來，這些人就成了賽夏人（分布於新竹縣五峰鄉和苗栗縣南莊）的祖先。「賽夏」的名稱還是

神賦予的，這使他們和他們的後代感到驕傲和自豪。

接著西士比亞山的神，又把那男人的腸子投入海水中，立即也變成了一串長長的人群，他們彎曲迂迴地也到島上安居下來。他們就是台灣漢族的祖先，因爲他們是腸子變化出來的，所以個個壽命很長，子孫綿延不絕。這兩個民族的的人，就在這裡繁衍生息，和睦相處，直至現在。

在賽夏族的洪水神話裡，用以逃生的工具經常與織布機有關，如本則倖存的男子即是因緊緊抓住經線桶才能夠死裡逃生。

本則截人肉化人的山神稱爲西士比亞，是一位高聳入雲的神，祂憐憫人類即將滅絕，想要重造人類，「他順手抓起那個男人，把他的皮肉投入山腳下波濤滾滾的大海裡」，卻奇蹟的在海中出現了許多人類，海中的人兒游水到岸邊駐紮安營，這就是賽夏族人的祖先。

西士比亞神又創造了漢人，祂把洪水中死裡逃生的男子之腸子投入海中，又變成了人類，他們就是漢人的祖先，而漢人因爲是腸子變成的，所以個個壽命都很長，子孫綿延不絕。

林道生《台灣原住民族口傳文學選集》載卡拉灣社〈創世神話〉：⑫

太古，神創造人類，還在其最初的土地上建設小規模的部落時，有一次起了大洪水，人們四處離散，不知生死。這時有一男人乘著機胴逃命，漸漸漂流到西路比亞山（shirabiya），正爲自己撿到一條命而感到高興時，卻被山裡的神俄瓦波耶赫鵬捉去。

山神正爲人類會被大洪水滅絕而擔心，因此便把這唯一存活的人類打死、細嚼其肉、口唱咒文，然後把嚼成的細肉吐入海裡，浮上來的肉都變成了人，神便給他

們取名叫賽夏（saisiyat），這就是賽夏族的祖先。

　　接著神又把那人的腸子截成小塊也投入海中，一樣地變成了人類。這就是平地人的祖先，因為是腸子化成的所以壽命長，人數也多。

　　其次神又把他的骨頭投入海中，也化為人類，由於是骨頭化成的，所以骨氣也硬、生性頑強，他們就是泰雅族的祖先。

　　最後神又把他的膽投入海中，也化做人類，但是已經不記得是那一族了。相傳賽夏族的姓，便是這位俄瓦波耶赫鵬神所授予的。

　　本則傳說故事山神俄瓦波耶赫鵬把因為洪水逃難僅存的人捉去「打死、細嚼其肉、口唱咒文，然後把嚼成的細肉吐入海裡，浮上來的肉都變成了人」，此即賽夏族的祖先。

　　山神俄瓦波耶赫鵬又把「骨頭投入海中，也化為人類，由於是骨頭化成的，所以骨氣也硬、生性頑強，他們就是泰雅族的祖先」。

　　山神俄瓦波耶赫鵬也把「膽投入海中，也化做人類，但是已經不記得是那一族了」。

　　本故事截肉創生漢族則與上則相同。又傳說賽夏族的族名是俄瓦波耶赫鵬神所取名，而「賽夏族的姓，便是這位俄瓦波耶赫鵬神所授予的」。

　　傳說在太古時代有一位叫做「奧茲波彭」的神，抓了一個男子，撕碎他，並將他吞入口中，隨後口唸咒文，在將他吐入海中，而吐出來的東西，全變成了人類，這些人就是賽夏族的祖先，被神命名為「賽夏」。

　　賽夏族人之稱「賽夏」，是具有神聖意義的，因為它是「奧茲波彭」神所命名。本則神話也是截人肉化人的故事，神話中的

「奧茲波彭」神想必是一位非常巨大的巨神，因爲祂可以把一個男子斯碎，而且將他吞入口中。

「奧茲波彭」神運用其法力，口唸咒文後，將口中的碎肉吐入海中時，吐出了許多人，這些人就是賽夏人的祖先。

截人肉化人的故事，在賽夏人的觀念中，原始的世界裡，人類是非常少的，而且很像也不容易繁衍，因此透過截人肉化人，讓世界的人變多了，也開始繁衍增多了。

《台灣の蕃族》，藤崎濟之助著（1930），黃文新譯：⑬

　　太古時代，由神所創造的人，尚在原來土地上建立原始小部落時，忽有洪水來襲，眾人不及走避，生死未卜。

　　有一男子乘機胴（織布工具）而倖存，漂流到shilupiya，而owapoehobon神將其打死，把其肉弄碎，丟到海中，悉數化爲saisetto的祖先。又將腸弄碎，丟入海中，他們是台灣人的祖先，因爲是腸子變的，所以人數多亦長壽。再次將骨投下化爲頑強的泰雅族祖先。

這則神話傳說故事，織布機胴成爲洪水時避難的工具。本則截人肉化人的神爲owapoehobon。

本故事洪水中乘機胴漂流到shilupiya而倖存的男子，是被owapoehobon神將其打死，把其肉弄碎，丟到海中，悉數化爲saisetto（賽夏族）的祖先。

owapoehobon神又將其腸弄碎，丟入海中，此即漢人的祖先，因爲是腸子變的，所以人數多亦長壽。

在許多截人肉化人的傳說中，都說「骨頭」變成了泰雅族人，這是賽夏族人古代對於泰雅族人印象中強悍的說明。

　　相傳賽夏族人的祖先，乃是逃避洪水，而伏於織布機上，順水漂流，經由一小島而至現在居地，僅剩一人

> 活命，遇到大神，將之放於口中咀碎，撒於地上，而變
> 成很多人，這就是賽夏族人。

在遠古時代賽夏族人的祖先因爲洪水氾濫而僅剩一人活命，如此就無法傳宗接代了，人類也至此可能就斷絕了。

所幸僅存的一人，遇到了大神，大神將這個人咀碎，撒在地上，就變成許多人了，這些就是賽夏族人的祖先。本傳說故事屬於「咀碎創生」傳說。

〈台灣土著の口碑〉，《東京人類學會雜誌》（1908），伊能生著、劉佳麗譯：⑭

> 從前，我族祖先，定居於海邊平地。有一年，洪水
> 氾濫，族人避難不及，葬身汪洋，只有兩人費盡千辛萬
> 苦，逃往山地，脫離險境。
>
> 待洪水漸退才下山，將同族屍體截成細片，塞入織
> 布用的胴木中，注水浸泡，此刻皆化爲兒童，分散四方
> 繁衍子孫，成爲各部落開山始祖。

本神話傳說故事與前面幾則故事最大的不同是，其他故事截人肉化人是由「神」爲之，本故事截人肉化人是由「人」自己爲之。

從賽夏族人的許多神話傳說裡，有許多強調他們原本住在平原沿海地區，根據歷史事實以及賽夏族人的歷史生活遷移史，都是很符合的。

這則神話的織布機胴爲化人的工具和法器，而實施截人肉化人者爲洪水中倖存的兩個人，他們把同族的屍體截成肉片，以織布機胴爲法器，注水浸泡而化爲兒童，這些兒童分散各地繁衍子孫，成爲各部落開山始祖。

按賽夏人截人肉化人之神話傳說，實施截人者以肉化爲人，大抵有兩種類型，一是由「神」爲之，另一是「人」自己爲之。

而截人肉化人的目的在於延續人類之繁衍。

陳國強、田富達《高山族民俗》：⑮

> 大東河賽夏人傳說：現住地原爲平原，後因受大海
> 嘯侵襲，陸地成爲大海，僅留大霸尖山露出海面，當
> 時，有一紡織用木簡漂來，爲山上老人撿得，木簡中有
> 一小孩。後來，小孩的骨變成泰雅人，肉變成賽夏人，
> 內臟則爲漢族。洪水退後，賽夏人遂生活於現地區。

本則故事與下一則故事應該是相同的，唯較爲減省，如洪水
時木簡中的小孩，可知爲山上老人撿得，但其骨如何變成泰雅
人？肉如何變成賽夏人？內臟如何變成漢人？

按「木簡」即指賽夏人紡織用的器具「木桶」。

大東河賽夏族人的傳說：

> 古代大東河山區本來是平原，後來發生大海嘯，淹
> 沒所有平地，只剩下大霸尖山山頭露出海面，這時漂來
> 一個紡織用的木桶，大霸尖山老山神opehe　naboon把它
> 撿起來，看到木桶有一個小孩子，老山神把小孩切成許
> 多塊，用樹葉包起來，再丟入水中，於是，小孩的骨頭
> 變成泰雅族人，肉則變成賽夏族人，小孩的內臟變成漢
> 族人。

本則神話之敘述較上則清楚，大霸尖山有一山神opehe
naboon見到因洪水而漂流至大霸尖山的紡織用木桶內有一小孩，
唯不知小孩是否還活著或者已經死了？故事中沒有說！

山神opehe　naboon把木桶內的小孩切成肉塊，用樹葉包裹起
來丟入水中，骨變成泰雅人，肉變成賽夏人，內臟變成漢人。

浦忠成《台灣原住民的口傳文學》吉雅亞社的神話：⑯

> 遠古發生大洪水，平地都變成海洋；當時有朱姓的
> 兄妹，哥哥名叫「帕有峨柏伊」，妹妹叫「瑪雅歐布」

，他們找來織布機胴，乘著它漂浮到李頭山而保全性命。

可是非常不幸的，妹妹在不久之後死了，哥哥忍不住痛苦而大哭。他將妹妹的屍體抱起來，走到山麓一潭清澈的池畔，把屍體切成小塊，再一一用「里卡路」樹的葉子包好，並喃喃的唸著「妹妹呀！如果妳願意安慰我這個可憐寂寞的哥哥，請你肉化而成為人吧！」

接著把其中一包裝入織布機胴裡，沉入水中，結果它竟然化成一個人，「帕有峨柏伊」非常高興，便牽引他上岸，他就是豆姓家族的祖先。

「帕有峨柏伊」又用同樣的方法，變了不少人，他們就是日姓、風姓等十家族的祖先，他想再施法，卻再也變化不出來。

不久之後，他獨自在森林裡行走，看見地上有芋皮的散落，知道還有其他人也倖存著，就到處尋找，後來果然看見一名男子獨處。

「帕有峨柏伊」邀這名男子同歸，他後來就是狐姓家族的祖先。就在這個時候，「吉雅亞荷」社就逐漸形成它的規模。

這則洪水神話故事，兼具了賽夏族各氏族祖先的來源。本則故事與其他故事所不同者，其漂浮逃難的地點不是大霸尖山而是到達李頭山。

本則故事截人肉化人者為洪水中乘著織布機胴倖存的一對兄妹，因為妹妹不久之後就死了，於是哥哥截妹妹人肉化人，以織布機胴及用「里卡路」葉包肉塊為法器，沉入水中，即變化為人，賽夏族各氏族的祖先也由此創生。

　　浦忠成《台灣原住民的口傳文學》「阿拉萬社」所傳的洪水神話：⑰

　　　　太古時代，被神所創造的人類，都聚居在最初的土地上，不知為了什麼原因，忽然起了洪水，人們就四處離散，是生是死都不知道。

　　　　有一個男子乘著織布機胴漂到「吉路比亞」山頂上，在這座山上有一個叫做「歐支波也荷彭」的神，突然把避洪水的男子提住，原來是神恐怕人類因為洪水而滅絕，要用他來造人。

　　　　神把這名倖存的人殺死，並切碎他的肉，口唸咒文，把肉塊投入海中，結果它們都變成人類，他們就是賽夏人的祖先。「賽夏」是神所命名的。

　　　　神又把這個人的腸截斷，投入海中，也成為人類，它們就是漢人的祖先；漢人為什麼會有很多長壽的人呢？因為他們是腸變成的。後來神再把骨頭投入海中，骨頭變成兇猛的泰雅人。

　　這則故事提到了人類的起源，也提出了賽夏人對與其毗鄰而接觸頻仍的其他族群起源的樸素的看法。本則故事洪水中倖存的男子漂到了「吉路比亞」山頂上，為「歐支波也荷彭」神殺死截人肉化人。

　　賽夏族人的洪水故事，避難僅存的生還者，都被神所殺，並切碎他的肉，目的就是「以人造人」，即以「人肉」造人。

　　大抵洪水神話，都是人類瀕臨滅絕的一種回憶式的傳說故事，可見人類在遠古時代，曾經面臨過相當大的洪水災難，賽夏族人透過截人肉化人的母題，使人類又重新繁衍延續了下來，這個母題很特殊，具有積極性的意義。

《番族慣習調查報告書第三卷賽夏族》：⑱

'opoh na bolhon曾是住在地上的人，他在海嘯來時逃上papakwaka'，而當時恰有一小孩在織布機中隨著海水飄過來，他便祈禱上天讓人類繁殖；然後將小孩殺死，把肉、骨及胃腸投入海中。

本傳說故事謂'opoh na bolhon曾經是住在地上的人，海嘯時逃到了papakwaka'（大霸尖山），看到海水漂過來的織布機中有一小孩，他就把小孩殺死，祈禱上天讓人類繁殖，然後把肉、骨及胃腸投入海中。

肆、賽夏族氏族創世傳說故事

《台灣の蕃族》，藤崎濟之助著，黃文新譯：⑲

古時有一名叫saivala的人，在河邊釣魚，一直未獲。正覺疑惑之際，突然有物上鉤，結果一看是青蛙，他不耐煩的將蛙丟下，但蛙卻化身為人，他深感訝異，遂將此人帶回家去，撫養長大，成為tapu-taberasu家的祖先。

這則傳說是氏族起源論，敘述taputaberasu家族的創生起源，傳說原為一隻青蛙化為人，被釣起他的saivala扶養，長大後變成了taputaberaus家的祖先。

林道生《台灣原住民族口傳文學選集》：⑳

有一個叫賽卡洛的人，有一天在河邊釣魚，釣了半天，連一條魚也沒釣上。正想著到底是怎麼一回事時，感覺到水中有東西在拉著魚線。趕緊用力拉上來一看，是一隻忌諱的青蛙，心中害怕，又把它丟到水中，「卜咚」一聲，掉入水中的青蛙，立即變成一個人。賽卡洛覺得不可思議，因此，決定帶回家飼養，觀察究竟是怎

麼一回事。這隻青蛙變的人，就以人形一直成長。長大後，賽卡洛爲他娶妻。今天的塔布塔貝拉斯（tabu taberasu賽夏族）全都是他的子孫。

按本則神話與上則神話故事相同。

宮本延人《台灣的原住民族》：㉑

　　在我們探訪賽夏族發祥地的傳說時，發現他們自稱是源自新竹縣大隘口一帶。話說昔日，他們的祖先，由海上漂流，而來到該社一帶，由於遇到大洪水，便避居到大霸尖山papak-waqa上，除了一對夫妻之外，其餘的都淹死了。於是那對夫妻，便生兒育女，也給予他們姓氏，其後代便由山上下來。……

依據本則傳說故事之敘述，則賽夏族之氏族，在遠古洪水氾濫的時候，就已經給予各姓氏族之符號，而且各姓氏族的原始始祖相同，都是當年洪水氾濫時，僅存的一對夫妻的兒女。

陳國強、田富達《高山族民俗》：㉒

　　大隘村賽夏人傳說：始祖係由海外漂流而來，後因洪水而避居大霸尖山，最後僅存夫妻二人，乃造出後裔並賜姓氏，派遣下山。……

按本則傳說與上則故事相似。

陳春欽〈向天湖賽夏族的故事〉載有向天湖「分姓與遷徙」的傳說故事：㉓

　　ebe-nabon是賽夏族的始祖，他的太太叫maja-nabon，……住在大霸尖山。兩兄妹結婚後，只生了一個小孩。

　　……於是將小孩切碎成肉塊，丟到水裡，這些肉塊就變成人。當切成肉塊時，已經將各姓分好，切成幾塊肉就生出幾個姓。最後來的那個人沒有姓，他就是泰雅

族atayal的祖先，他在分肉的時候沒趕上，所以他講的話
不一樣，泰雅族現在也沒有姓sinlaihou。

　　各人如果不清楚自己的姓，就向ebe-nabon問，大家
問完，才離開大霸尖山。……

本故事謂賽夏族男女始祖居住於大霸尖山，因為只生了一個孩
子，因此就把這個孩子切碎成肉塊丟到水裡化成人，切成幾塊肉就
生出幾個姓，因此賽夏族的氏族在遠古時代即已經定型，而且賽夏
族的各姓氏族都是源於被切碎成肉塊丟到水裡化成人的那位孩子。

　　本則故事有一些疑點，如「切成幾塊肉就生出幾個姓，最後
來的那個人沒有姓，他就是泰雅族atayal的祖先，他在分肉的時候
沒趕上，所以他講的話不一樣」，既然是「切成幾塊肉就生出幾
個姓」，泰雅族的祖先既然沒有姓，那麼他又是從哪裡化生出來
的？

　　陳運棟、張瑞恭《賽夏史話——矮靈祭》載〈起源傳說——分
姓與遷徙〉也許可以解釋這個問題：㉔

　　　古早以前在大霸尖山上，住著一對兄妹，他們就是
賽夏族的始祖，男的叫ebe-nabon，女的叫maja-nabon。
長大後兄妹結婚，生了一個小孩。因為除了他們二個人
之外，世上沒有其他的人，為求繁殖快速起見，把小孩
切成肉塊，丟到水裡，每一塊肉變成一個人，每一個人
各有一個姓。但因為多切了一塊肉，沒有姓相配，所以
跟別的孩子講話不一樣。這個沒有姓的小孩就是泰雅族
的祖先，到今天泰雅人沒有姓就是這個原因。

　　　每個小孩向爸爸ebe-nabon問清楚自己的姓之後，便
離開家鄉大霸尖山，沿河往大海方向走，於是走到了今
天的苗栗。後來荷蘭人來了，再住上遷徙，各姓此時各
自分開，而風姓的人遷到了今天的南庄。

　　後來日本人、客家人相繼的來了，跟賽夏人打了幾次仗，於是賽夏族再往上遷徙，住在今天的向天湖附近。

　　本傳說故事很明確說明「為求繁殖快速起見，把小孩切成肉塊」。而泰雅族亦於此時創生，本故事也說得很清楚「因為多切了一塊肉，沒有姓相配，所以跟別的孩子講話不一樣。這個沒有姓的小孩就是泰雅族的祖先，到今天泰雅人沒有姓就是這個原因」。

伍、賽夏族發祥傳說故事

(一) 賽夏族來自中國大陸

　　賽夏族因年代久遠，祖先來源已不易考證，惟據長老的口述中，仍可尋出一些線索。賽夏人作家趙山河有一篇〈賽夏族來自何方？我記得老人家曾說〉，對於賽夏族的遷移歷史，作了族中長老回憶式的報導紀錄，亦可聊備參考：[25]

　　　　賽夏族來自中國大陸雲貴高原某地及廣東一帶，是屬於「麥丹族」，以農業為生，約六百年前，乘木舟漂海登台，於現宜蘭縣某地，但居留不久，又轉遷樹林與山佳中某地，在當地與漢族發生激戰，死傷慘重，不得不再度遷往現在的新竹南寮一帶，逐漸又向湖口、新豐、竹北、新埔及關西馬武督以北移居。當時因受地震、水災等自然災害的一再侵襲，生活無依，族人們均苦不堪言，又無恆產，因此，有不少族人建議再往他處搬遷，此時，大夥兒的意見不一，結果族人分成兩路：一是往苗栗、公館、三義、南庄移動，為現在南庄鄉的南賽夏族人。二是另一部分族人往新竹、關西（馬武督）、湖口、新埔、竹東（蕃仔社）、北埔（大坪、內坪）是現在的北賽夏族人。

　　在我年約六、七歲左右，族內末代頭目趙明政taro
yumao和我父親（趙山河先生的父親）曾說過有關賽夏
族的歷史。北賽夏族移動之路線，首先位於北埔（大坪）
，再移南庄獅子頭山，現田美村山頂上，但因該地點目
標明顯，且離漢族和其他種族太近，為逃避種族影響，
又遷回北埔大坪河底「大谷」，又因不明原因，再遷往
現五指山廟邊，之後，再轉移居現「上大隘」。此時，
又有些部分族人，再度移至「西熬」，現改稱茅圃，且
與泰雅族混居在一起。而定居於現上大隘部的原古地名
意義是沼澤之地，後來種族衝突平息以後，漸漸和北埔
客家人有來往，甚至於互相通婚，互相指導開荒地、耕
犁田地，就此奠定了發展的基礎。

　　對於賽夏族人遷移的歷史，趙山河先生提出了非常有價值的
資料，亦足作為賽夏族人長期？遷移歷史的補白。本則回憶性的
傳說，很直接點明祖先來自大陸雲貴高原某地及廣東一帶，是屬
於「麥丹族」，這樣的傳說在賽夏族中是很少的，因此也就顯得
很特別。㉖

　　世界上有些文化，不免在大社會的洪流中消失，現在有許多
原住民的知識青年，覺察著這一切，他們尋根的執著和堅持，卻
是令人感動，這份重塑文化的力量，將不可輕忽。我們樂見希望
的火苗，已在年輕一代點燃，尋根、重塑文化的力量正逐漸結
合。賽夏族這個完整、嚴肅的族群，或許令人感到有一點嚴肅，
但仍屹立於追尋生命中最美的史詩。㉗

　　許多學者認為台灣的原住民直接或間接來自中國大陸，若以
台灣與大陸一峽之隔，堯世洪水之氾濫區域甚廣，逃避水災，漂
流洪水之上，任由擺佈，漂送來台，乃極為可能之事。㉘

（二）賽夏族發祥於大霸尖山

　　傳說中大霸尖山是賽夏族人繁殖的發祥地，所以至今，仍被賽夏族人視爲祖山。洪水時期，有謂他們南下到達阿里山附近，再沿著海邊到達竹南、後龍一帶居住，接著再往山裡走，竹北、北埔都曾經居住過，而到達目前定居的苗栗縣南庄鄉以及新竹縣的五峰鄉。賽夏族以大霸尖山爲發祥地，其領域一直受到平埔族、泰雅族、漢族之擠壓侵佔，因此，賽夏族人自古對於族群存亡絕續之危機感較別族爲深，尤其目前各族更需要互相扶持、團結合作，以化解族群滅絕的危機。㉙

　　大霸尖山是一座奇峰，其標高爲三千四百九十二公尺，與中央尖山、達芬尖山合稱「台灣三尖」，亦爲「台灣百岳」之一，近年來，大霸尖山爲國內最熱門的單峰攀登路線之一。㉚

　　俞錚浩〈大霸尖山巡禮〉云：㉛

　　　　大霸尖山登山步道，目前經台灣省旅遊局選定爲「台灣十二風景名勝」，不管在人文史蹟的文化觀點、奇特的地形環境景觀、豐富的動植物資源，都是值得國人觀賞的旅遊聖地。

　　　　依據文獻記載，居住在新竹縣五峰鄉的泰雅族與賽夏族、尖石鄉的泰雅族、苗栗縣泰安鄉的泰雅族，都奉大霸尖山爲祖先發祥之地。他們堅信太古的時候，高山上有一個佈滿苔蘚「巨岩」，自然裂開而生出一男一女，結爲夫妻，成爲人類的始祖。因爲地分狹小，後來分居於山下各地，繁衍子孫。巨岩的泰雅語原稱因部族與部落的不同而稱之papak　waa、papak　waka、papak mayan等，原意均爲「裂岩如耳」，亦即大霸尖山。大霸尖山因爲險峻危峰，四面懸岩峭壁，並且也是鯨面的泰雅族百般阻擾登頂的聖山靈峰，長期以來一直拒人於

千里之外。直到一九二七年日人沼井鐵太郎、瀨古喜三郎、中曾根武等一行四十人（含當時薩克亞金社族人）攀登成功，而正式有人類的足跡記錄。大霸尖山是日據時代日人所命名，但不知是何人於何時命名，僅知在一九二七年八月首登前後，已廣泛被稱爲「大霸尖山」，亦有人稱爲「熬酒桶山」。

大霸尖山不但是泰雅族人傳說中的祖先的發祥地，同時它也是賽夏族傳說中祖先的發祥聖地。

陳春欽〈向天湖賽夏族的故事〉載「大霸尖山上的兩尊石像」：㉜

在大霸尖山上，有兩尊石頭長成的人像，一男一女，男爲賽夏族分姓的始祖ebe-na-bon，女的就是他的太太maja-nabon。這兩尊石像一男一女，一高一矮，我們如果到大霸尖山打獵時，不能對這兩尊石像講壞話。如果出言不遜，就會被一陣突然掀起的風暴吹失，有時甚至有生命的危險。

有一次，四個住在萬大的泰雅人，到大霸尖山去打獵，他們也聽說過，不能對這兩尊石像說壞話。但四個之中有三個不相信，當他們走到距石像一千公尺的地方，這三個不信的人，就指著石像說：「我們如果用箭來射這兩塊石頭，它也會倒下去的。」於是他們自己就開始吃帶去的米糕，而將包米糕的葉子取下來，包起泥土送給這兩塊石頭吃。

當他們吃完米糕，剛起身走不到兩步，石像近處就突然起了一陣狂風，將三個不信者，吹得很高很高，一下子就看不見了。

另外一個也被吹進山洞裡面，他此時驚懼得不敢呼

叫，眼睛一邊已瞎，才慢慢地從山洞裡摸出來，一到大路，看風勢已息，才趕忙跑回家，身上只帶著弓箭，獵獲的山肉也丟掉了，直到晚上才回到家裡。

一回到家，他父親問他同去的另外三個人，怎麼沒有回來，為什麼左邊的眼睛，被打成這樣子。他才將剛發生的事，原原本本地講了一遍。

次日，那三個不信者的兄弟們集合起來要到大霸尖山去報仇。這些報復者在途中就被風雨阻擋了去路，剛在猶豫之際，老人們追上了，才勸阻他們別再盲闖，要這些報復者一道回來。

發生此事之後，萬大的老人們才對年輕人說道：「你們以後到石像的地方打獵，不要講壞話觸犯它，所帶的飯包要分一些給它們吃，如果打獵獵獲了山肉，也要送一些給它，千萬不可亂來，以免發生同樣的事。

……「以後到該地打獵，不可以講日本話、泰雅話、客家話，一定要講賽夏話，因為ebe-nabon是賽夏族的始祖」。

又如果到大霸尖山打獵，一定要帶黑色的獵狗，不可以帶白色的獵狗，如果帶白色的獵狗，則獵不到山肉，獵狗也會失蹤的。

本則神話敘述了賽夏人對於其聖山大霸尖山有關的禁忌，尤其是狩獵的禁忌尤須遵守，否則觸犯了會得到報應。

賽夏人認為大霸尖山上有一男一女兩尊石像，這兩尊石像就是賽夏人的始祖。他們很尊敬這兩尊石像，如果到大霸尖山狩獵的時候，不可以講石像的壞話，要恭敬之，帶飯包要分一些給石像吃，獵獲山肉也要供奉一些給石像始祖吃。可見賽夏族對大霸尖山是如何的尊敬。

據林衡立〈台灣土著諸族的發祥與遷移〉載：㉝

> 賽夏族分南北二方言群，其發祥地則一，爲大霸尖
> 山，移住西方的前山，分散於發源於大霸尖山之三溪
> （大料崁、鳳山、木安）溪谷間之廣大地域，由此更分之
> 下山麓。後來泰雅族由深山進入，蠶食本族山中領域，
> 而其平地領域復受平埔族、漢人之侵占，因而極度縮小
> 其族域，復因不明之原因極度減少其人口，終於踞蹐於
> 小山鵝公髻之南北麓。

目前賽夏族居住的領域極度縮小，原因是在古代時其在山中
的領域爲泰雅族人所蠶食；而其在平原的領域復爲平埔族與漢族
所侵占，因此退居於鵝公髻山南北麓了。

又據《新竹縣誌稿》卷一〈沿革誌〉第四章載：㉞

> 永曆三十六年，清使降將施琅，集中水師，窺侵台
> 灣。延平郡王克塽，派兵遣將，固守台灣北部，修築淡
> 水、雞籠炮壘。而徵召沿途原住民社運糧，因督責過
> 酷，至遭北部原住民反抗，竹塹原住民社亦響應之，克
> 塽遣陳絳征討原住民，竹塹社因丁口少，或遁入深山，
> 依泰雅族而居。

在明鄭時，賽夏人居住於竹塹（今新竹市），因鄭克爽遣陳
絳征伐，賽夏人無力抵抗，自此遁入深山，與泰雅族毗鄰而居。

（三）賽夏族海外來源說

有關賽夏族人的發祥地，亦有些傳說故事謂賽夏族人來自海
外，例如：

> 相傳賽夏族人的祖先，乃是逃避洪水，而伏於織布
> 機上，順水漂流，經由一小島而至現在居地。……

本則傳說故事提出賽夏族人「由一小島而至現在居地」，惟
沒有說明是哪一個「小島」。

陳國強、田富達《高山族民俗》：㉟

　　大隘村賽夏人傳說：始祖係由海外漂流而來，後因洪水而避居大霸尖山。……

　　本則傳說故事謂賽夏族「始祖係由海外漂流而來」，但亦如同上述沒有說明從哪個「海外」漂流而來。

陸、賽夏族的血統

（一）賽夏族與平埔族道卡斯族

　　鈴木質著・吳瑞琴編校《台灣原住民風俗誌》載：「賽夏也稱爲賽雪，可能是以前盤據在新竹、苗栗一帶之平埔族（道卡斯族）的一支」。㊱

　　賽夏族「在北部叫『賽西拉茲』，中部叫『賽細茲』或者是『賽西也茲』，而在南部則叫『賽夏茲』」。㊲

　　有一些文獻的記載云，賽夏族人是在唐代貞觀年間，由馬來人浮筏漂至台灣西部，由道卡斯族的支族所演變而成。道卡斯族自北南下者爲蒙古系（或謂琉球系）；自南北上者爲馬來系，棲息於西台灣各處平地，故稱平埔族或平埔番，其後又稱爲熟番或土番。而稱住在高山的原住民爲生番或野番。接近苗栗平地如：中港、後龍、通霄、苑裡、大甲等，當年皆是平埔族道卡斯族居處之地，而新竹（竹塹）之賽夏族乃自中港、後龍屢遷而來，故被推想爲道卡斯族的支族。

　　《新竹縣志》（二）卷四〈人民志〉第一章原住民第一節賽夏族篇：㊳

　　　　……世界名人類學者德人里斯博士，曾發表其研究結果：「史前之竹塹，當爲琉球族所居」，又按《台灣通史》：「唐貞觀年間，馬來洪水，馬來人浮筏避難，漂至台灣西部。多住海濱，以殖具種。」是則可證明，

北方民族與南方民族，均曾先後漂至，居住西部台灣。
……

　　賽夏族是弱小的族群，在弱肉強食的自然淘汰律下，賽夏族也遭遇了西側海岸新民族：平埔族的入侵，有一部分西側賽夏被平埔族同化了，因此，日本學者鹿野忠雄來研究時，認爲賽夏族與平埔族道卡斯taokas有血親關係，應是平埔族的一支。但是後來學者仍進一步研究的結果，仍相信賽夏族爲獨立的種族，但西區賽夏被平埔族同化的情形很嚴重。㉟

　　木訥，但有鋼鐵一般意志的日本學者伊能嘉矩，於一八九五年，台灣割讓給日本這一年，單身來台灣研究原住民，兩年後的一八九七年五月，奉台灣總督府命令，作長時期的番界查察旅行。

　　現在我們知道賽夏族這一族叫做賽夏族，但是一百年前正在摸索族群分類的伊能到達了大隘社的小社tarumyan（豆流明），投宿於頭目yuvai的家，伊能首次談到族群分類：「他們聽懂附近泰雅族的語言，而他們自己也有固有語言，和宜蘭方面、台北方面的平埔蕃語一致，推測這一支和平埔蕃是同族吧！」頭目對我說：「相傳我們sumiyal族的祖先，原來住在北方山麓的竹東、北埔一帶，後來被漢人驅趕而入山。第一代祖先叫omao，他在世的年代才入山的，傳到第二代tain，第三代taro，第四代tauna，而現在傳到第五代的我yuvai。」伊能從族人的語言、傳說、風俗加以判斷，而且後來在苗栗後龍的道卡斯族新港社那邊，查出每年新港社舉辦祭祖儀式時，賽夏族都去參加，同時在儀式中唱出寓有不服清廷意涵的歌謠，認定賽夏族本來是道卡斯平埔族，爲了避難，輾轉經由竹東、北埔一帶退出山中的。㊵

（二）賽夏族與泰雅族及漢族

陳春欽〈賽夏族的宗教及其社會功能〉云：[41]

> 泰雅族和賽夏族比鄰而居，已有二百年以上之歷
> 史，而賽夏族與泰雅族間之聯婚則至少有一百年以上之
> 久，故言今日之每一賽夏族人血統中含有泰雅族之成分
> 者，蓋不過分。

> 使賽夏族不得不與外族聯婚之原因在該族人口稀
> 少，又氏族觀念堅韌，同一氏族之成員嚴格禁婚。同時
> 也是因為嚴格的氏族組織，使人口稀少之賽夏族免於被
> 泰雅族同化。或謂漢人不法之徒曾藏匿山區而成賽夏
> 人，或賽夏人抱養平地小孩者，則賽夏人之有漢人血統
> 蓋無疑也。

賽夏族人因與泰雅族人毗鄰而居，久之就兩族互通聯婚了，
所以賽夏人有泰雅族的血統。賽夏人之血統也有漢人的血統，如
清際至日據時漢人不法之徒藏匿賽夏族地區而變成了賽夏人。又
賽夏人也會抱養漢人小孩為子息，也娶漢人女子為妻，所以賽夏
人也有漢人的血統。[42]

（三）賽夏族群之獨立

當漢民還沒有大量駐進新竹、苗栗一帶，賽夏族群，尤其是
西部賽夏族，已經嚴重的平埔族化，甚至被日據時期的一些文化
人類學者，認為是平埔族的一支。日人之前的Jaybor Lacouperie
Cordierr僅提到平埔及其他二族名。（鹿野1955年，頁122）一八
九九年日人伊能嘉矩把平埔族以外的部族分成八族，，其中未見
賽夏族。隨之一九一〇年鳥居龍藏博士的分類，也不見賽夏族族
名，顯然，當時賽夏族，普遍被認為是平埔族，而未予以列入山
地原住民中命名。（同上頁123）到了一九一一年，日本台灣總督
府理蕃科，才把一向被認為是平埔族的賽夏族，正式列入山地原

住民而成為九族。（台灣總督府理蕃科，1911）。一九一二年森丑之助在日本百科大辭典中，又在原住民族群中，除掉賽夏族名，又分成六族，一九一三年的佐山融吉，一九三六年的淺井惠倫，則大都把賽夏族納入而成為九族（鹿野1955，頁126）。㊸

賽夏族族名Saiisiat原意為「真人」，賽夏族正式被視為一個獨立的族群，是在一九一九年日據時期，台灣總督府所編印的一份英文報告中出現。

日據時，北賽夏群：自稱「賽西拉夫」Saisiraff，包括新竹十八兒Shipaiji、茅圃Shiigao、埤萊Pirai、大隘Raks等地。南賽夏群：自稱「賽夏特」Saisiat包括苗栗縣南庄鄉東河村瓦羅Waro、卡拉灣Garawan、及蓬萊村的巴卡散Pagasan、阿米稀A-mishi、泰安鄉錦水村的巴卡利Pakari、馬陵Marin、崩山下Habasun、坑頭Invawan等地。如今南北兩區賽夏族人都通稱為賽夏人。

由上述文獻記載，賽夏族被列為原住民族群的一支，並非久遠（二十世紀初）的事情。日本學者鹿野忠雄，甚至提到當時有傳說認為賽夏族與新竹一帶的道卡斯平埔族有親緣關係。（鹿野頁139）再說，文獻上，認為賽夏族十分接近平埔族的族群。即使賽夏族並非平埔族，至少也是平埔化十分深刻的原住民族群。㊹

賽夏族大略可分下列四支系（移川等，1935）：

Shai-Maghahyobun　Shai-waro：Waro（大東河）、
　　　Garawan（獅頭驛）各社。Shai-Raiyen：Parngasan
　　　（蓬萊）、Amish、Pakwari（八卦力）各社。
Shai-Yaghoru：Shai-Yaghoru（大隘社）。
Shai-Kirapa：Sipaji（十八兒）、Siigao（茅圃）、Mai-
　　　lawan（埤來）各社。
Shai-Shawe：Inrayus（Marin馬陵）、Invawan（坑頭）、
　　　Karehabasun（崩山下）各社。

　　以上第一支系主要分布於現在的苗栗縣南庄鄉東河村、蓬萊村、南江村及泰安鄉錦水村。第二支系分布在新竹縣五峰鄉大隘村。第三支系分布在新竹縣五峰鄉花園村及桃山村。第四支系分布在苗栗縣獅潭鄉百壽村。

　　《台灣省通志》卷八〈同胄志〉第五冊賽夏族篇則分南北二群：分布在五指山區上坪溪流域的第二、三支系為北部群或稱大隘群（Shai-Dirapa）；分布在苗栗縣泰安鄉與南庄鄉境內之中港溪上游之南河以及後龍溪上源之八卦力流域的第一、四支系為南部群或稱東河群（Shi-Maghahyobun）。魏惠林則認為南北二群除在語言上有些微的發音變異，及風俗習尚略有不同外，並無成為一族內二亞族之理由；從社會組織觀點說，只是一族的兩個地區性的部落群（Regional group）。㊺

【註釋】

① 田哲益《台灣的原住民賽夏族》台北，台原出版社，2001.8。

② 同①。

③ 朱鳳生《賽夏人》，新竹縣五峰鄉賽夏族祭典管理委員會出版，1991.4.10。

④ 陳春欽〈向天湖賽夏族的故事〉，載於《民族學研究所集刊》廿一，1966春季，中央研究院民族學研究所。

⑤ 范純甫主編《原住民傳說（上）》，台北，華嚴出版社，1996.8。

⑥ 林道生《台灣原住民族口傳文學選集》，花蓮縣立文化中心，1996.6。

⑦ 林修澈《賽夏族史篇》，南投，台灣省文獻委員會，2000.5。

⑧ 黃智慧主編《番族慣習調查報告書第三卷賽夏族》，中央研究院民族學研究所編譯，1998.6。

⑨ 同④。

⑩ 同①。

⑪ 同⑤。

⑫ 同⑥。

⑬ 內政部委託台灣大學人類學系研究《台灣山胞各族傳統神話故事與傳說文獻編纂研究》，1994.4.30。

⑭ 同⑬。

⑮ 陳國強、田富達《高山族民俗》，北京，民族出版社，1995.6。

⑯ 浦忠成《台灣原住民的口傳文學》，台北，常民文化事業有限公司，1996.5。

⑰ 同⑯。

⑱ 同⑧。

⑲ 同⑬。

⑳ 同⑥。

㉑ 宮本延人著、魏桂邦譯《台灣的原住民族》，台中，晨星出版社，1993.9。

㉒ 同⑮。

㉓ 同④。

㉔ 陳運棟、張瑞恭《賽夏史話──矮靈祭》，桃園，葦夏書坊，1994.11。

㉕ 趙山河〈賽夏族來自何方？我記得老人家曾說〉，中國時報，1995.6.14。

㉖ 同①。

㉗ 同①。

㉘ 同①。

㉙ 同①。

㉚ 同①。

㉛ 俞錚浩〈大霸尖山巡禮〉。

㉜ 同④。

㉝ 林衡立〈台灣土著諸族的發祥與遷移〉。

㉞ 《新竹縣誌稿》卷一〈沿革誌〉。

㉟ 同⑮。

㊱ 鈴木質著・吳瑞琴編校《台灣原住民風俗誌》，台北，台原出版社，1998.1。

㊲ 同㊱。

㊳ 《新竹縣志》（二）卷四〈人民志〉。

㊟ 參宗光〈矮黑人的見證者：賽夏族〉，台灣新生報，1989.7.14。

㊵ 參楊南郡〈北賽夏人今昔〉，中國時報，1995.6.8～9。

㊶ 陳春欽〈賽夏族的宗教及其社會功能〉。

㊷ 同①。

㊸ 引見同③。

㊹ 引見同③。

㊺ 張致遠〈苗栗縣各族群語言生態的變遷初探〉。

第二章

賽夏族洪水神話口傳文學

台灣原住民，自古沒有文字，賽夏族的歷史及固有的傳統習俗，雖非常悠久，但卻欠缺文字之記載，賽夏族的文化以及歷史，都是靠著口耳相傳，才得以保存至今。

賽夏族的洪水神話，皆與山頂、陸地洪水、海嘯、海水倒灌、漂流、織布機、截人肉創生等有關。

> 相傳賽夏族人的祖先，乃是逃避洪水，而伏於織布機上，順水漂流，經由一小島而至現在居地，僅剩一人活命。……

這則故事是很原始的，從本則故事裡賽夏族可能在遠古時代並非居住於台灣，因為一場洪水氾濫而伏於織布機上，漂流而到了台灣。

本則故事牽涉到賽夏族人海外來源說，是「經由一小島而至現在居地」，至於「一小島」，所指何處？故事裡沒有說明。

在遠古時代賽夏族人的祖先就已經會織布製作衣裳了，從僅剩一人活命者伏於織布機上可知。

在賽夏族社會裡相傳：

> 最早的祖先，是散居在台灣桃園、新竹、苗栗等縣市地區沿海，因為受到陸地洪水以及海水倒灌的夾害，因此，紛紛避入山區，迫抵大霸尖山時，祇剩一男一女孩童，等到他們長大後，結為夫妻。子子孫孫始得繁衍下去。……

本傳說賽夏族祖先原來「散居在台灣桃園、新竹、苗栗等縣市地區沿海」，有一次因為陸地洪水以及海水倒灌，族人紛紛避難，但是逃到大霸尖山的時候，祇剩一男一女孩童，長大成人後，結為夫妻繁衍子孫。

宮本延人《台灣的原住民族》：①

> 在我們探訪賽夏族發祥地的傳說時，發現他們自稱

是源自新竹縣大隘口一帶。話說昔日，他們的祖先，由
海上漂流，而來到該社一帶，由於遇到大洪水，便避居
到大霸尖山papak-waqa上，除了一對夫妻之外，其餘的
都淹死了。……

本則傳說賽夏族的祖先，有一回因為洪水氾濫大地，舉族遷
徙避居大霸尖山，惟最後只剩下一對夫妻，其餘的都淹死了。可
見當時洪水氾濫之洶湧。

大陸學者陳國強、田富達《高山族民俗》載：②

　　　大隘村賽夏人傳說：始祖係由海外漂流而來，後因
洪水而避居大霸尖山，最後僅存夫妻二人。……

本則傳說與上則傳說相似。

陳國強、田富達《高山族民俗》載：

又載：③

　　　大東河賽夏人傳說：現住地原為平原，後因受大海
嘯侵襲，陸地成為大海，僅留大霸尖山露出海面，……
洪水退後，賽夏人遂生活於現地區。

本則傳說故事，賽夏族人曾遭到大海嘯侵襲，逃避大霸尖
山，洪水逐漸退去後，賽夏族人就生活在現在居住的地區。

大東河賽夏族人的傳說：

　　　古代大東河山區本來是平原，後來發生大海嘯，淹
沒所有平地，只剩下大霸尖山山頭露出海面。……

本傳說謂原來現在之大東河山區，本來是一個平坦之地，後
來有一次因為發生大海嘯，大東河地區變成了山區。

范純甫主編《原住民風情》：④

　　　在很早以前，台灣的崇山峻嶺中，萬能的神創造出
一批人來，這些人就住在一塊兒，快快活活地安居樂
業。

　　有一次，鉛黑的天空上，突然刮起颱風，傾盆的暴
雨，下個不停，山洪夾著高山的巨石和泥沙呼嘯而下，
河裡的水一尺尺上漲，一場可怕的洪水頃刻間就沖到了
人們居住的部落裡來。

　　人們驚慌失措，母親顧不了孩子，丈夫丟了妻子。
洪水如狂風橫掃落葉，颳走了所有的房屋、樹木，也把
部落裡的人們沖得無影無蹤。……

本神話故事對於洪水發生時兵荒馬亂的混亂情勢敘述得較爲
生動，「人們驚慌失措，母親顧不了孩子，丈夫丟了妻子。洪水
如狂風橫掃落葉，颳走了所有的房屋、樹木，也把部落裡的人們
沖得無影無蹤」。

林道生《台灣原住民族口傳文學選集》載卡拉灣社〈創世神
話〉：⑤

　　太古，神創造人類，還在其最初的土地上建設小規
模的部落時，有一次起了大洪水，人們四處離散，不知
生死。……

本則故事是賽夏族的始祖爲神所創造，最初，他們建立了小
規模的部落，但是有一次發生了大洪水。

《台灣の蕃族》，藤崎濟之助著（1930），黃文新譯：⑥

　　太古時代，由神所創造的人，尚在原來土地上建立
原始小部落時，忽有洪水來襲，眾人不及走避，生死未
卜。……

本則故事神創造人類，他們開始建立部落，有一次發生了洪
水大氾濫。

〈台灣土著の口碑〉，《東京人類學會雜誌》（1908），伊能
生著、劉佳麗譯：⑦

　　從前，我族祖先，定居於海邊平地。有一年，洪水

氾濫，族人避難不及，葬身汪洋，只有兩人費盡千辛萬

苦，逃往山地，脫離險境。⋯⋯

　　本傳說故事謂賽夏族人原本居住在海邊平地，有一次，洪水
氾濫，「只有兩人費盡千辛萬苦，逃往山地，脫離險境」。惟逃
亡何處山地？故事中沒有說明。

　　朱鳳生《賽夏人》載：⑧

　　　　我們祖先本住在平地，後因洪水氾濫，漸次逃入深

山，抵達大霸尖山時，只剩男女二孩。長大結為夫婦，

生男育女，子孫繁衍。⋯⋯

　　浦忠成《台灣原住民的口傳文學》吉雅亞社的神話：⑨

　　遠古發生大洪水，平地都變成海洋；當時有朱姓的兄妹，哥
哥名叫「帕有峨柏伊」，妹妹叫「瑪雅歐布」，他們找來織布機
胴，乘著它漂浮到李頭山而保全性命。⋯⋯

　　浦忠成《台灣原住民的口傳文學》「阿拉萬社」所傳的洪水神
話：⑩

　　　　太古時代，被神所創造的人類，都聚居在最初的土

地上，不知為了什麼原因，忽然起了洪水，人們就四處

離散，是生是死都不知道。⋯⋯

【註釋】

① 宮本延人著、魏桂邦譯《台灣的原住民族》，台中，晨星出版社，
　　1993.9。

② 陳國強、田富達《高山族民俗》，北京，民族出版社，1995.6。

③ 同②。

④ 范純甫主編《原住民傳說（上）》，台北，華嚴出版社，1996.8。

⑤ 林道生《台灣原住民族口傳文學選集》，花蓮縣立文化中心，1996.6。

⑥ 內政部委託台灣大學人類學系研究《台灣山胞各族傳統神話故事與傳說
　　文獻編纂研究》，1994.4.30。

⑦ 同⑥。

⑧ 朱鳳生《賽寶人》，新竹縣五峰鄉賽夏族祭典管理委員會出版，1995.10。

⑨ 浦忠成《台灣原住民的口傳文學》，台北，常民文化事業有限公司，1996.5。

⑩ 同⑧。

第三章

賽夏族太陽與月亮神話口傳文學

射日神話在台灣原住民中非常流行，泰雅族、賽夏族、布農族、鄒族、魯凱族、排灣族等均流傳著射日神話。

〈台灣土著傳說與大陸〉，《台灣風物》（1959），孫家驥：①

> 古時有兩個太陽，其光熱甚灼人，一青年taro-lahorai挺身而出射下一日，此後人們生活和樂。

本傳說故事中賽夏族的射日英雄名叫taro-lahorai，他射下了一個太陽。從此以後人們的生活就和樂起來了。

這位taro-lahorai射日青年，可能就是此後賽夏族「日」姓族人的祖先。

高淵源《台灣高山族》載〈射太陽的故事〉：②

> 太古時代，天上有兩個太陽，一個太陽下山，另一個太陽就東昇，如此輪迴，地球不但沒有晝夜之分，終年酷熱不堪。

> 人們因熾烈的陽光個個全身焦痛，而且，河裡的水也漸漸的蒸發了，人們都很擔心，長此下去，地球上的生物，終有一天會消滅。

> 當時，有一名叫「搭羅拉和萊」的二十歲青年，不但英俊，而且勇敢。他自告奮勇，決心遠征討伐太陽。出發後沿途種植柚子和桂竹，翻山越嶺，以堅忍不拔的精神，跋涉了幾十年的路程，終於到達了太陽上昇之地。

> 等到一個太陽剛上昇，迅速的舉弓發射，射進了太陽的中心。自此，被射刺的太陽失去熱度和光度而變成了月亮。地球也開始有了晝夜之分，人們的生活也漸入了佳境。

> 奇怪的是，他繼續向東進發，並未折回原路而仍返歸故鄉云。

本傳說故事的情節敘述如下：

一、天上有兩個太陽，大地沒有晝夜之分。

二、大地終年酷熱不堪，人人個個全身焦痛，河裡的水也漸漸的蒸發了，人們開始起了憂患意識，深怕「長此下去，地球上的生物，終有一天會消滅」。

三、本傳說故事的射日英雄與上則故事相同，叫做「搭羅拉和萊」的二十歲青年。

四、「搭羅拉和萊」出發前往征伐太陽沿途種植柚子和桂竹。

五、「搭羅拉和萊」「以堅忍不拔的精神，跋涉了幾十年的路程，終於到達了太陽上昇之地」。

六、「搭羅拉和萊」射進了一個太陽的中心。

七、被射中的「太陽失去熱度和光度而變成了月亮。地球也開始有了晝夜之分，人們的生活也漸入了佳境」。

八、「搭羅拉和萊」完成射日使命後，並未走原路返回部落，而是一直向東走，最後還是回到了故鄉。

本故事涉及到賽夏族祖先對於地球的概念，從「搭羅拉和萊」不是照著原路返回部落，而是繼續向東走，最後一樣仍然能夠回到故鄉來看，則「搭羅拉和萊」似乎已經知道了地球是圓的，只要一直往前走，最後還是會回到原點，古人有所謂「否極泰來」，此之謂也。

陳春欽〈向天湖賽夏族的故事〉載「射日神話」：③

　　從前我們居住的地方，有兩個太陽，沒有黑夜，只有漫長的白晝，當一個太陽從西邊下山，另一個太陽就從東邊昇起，從前我們沒有鐘，沒有房屋，只有小茅屋，也不感到冷，如果煮了飯，也不知道該在什麼時候吃中飯。如果看到太陽下山了，有人想睡覺，就隨地躺

下來睡，但古時候野獸很多，這樣隨地睡覺很是危險，往往就在睡覺時被野獸吃掉，族人們認爲有二個太陽，就必須一直工作著，連休息的時間也沒有。因此，每姓就派一個代表去開會，討論我們該怎麼辦？

每姓參加開會的代表，都是遴選最精於箭術的人，當這些代表們在河邊開會完畢後，就開始賽射箭，在遠處畫一個圓圓的目標，叫各姓代表輪流射之，比賽結果，只有日姓tanohera射到，就決定由日姓人負起將太陽射下來的使命。

日姓代表回家後，將弓、箭準備好，用一個羊皮做的袋子裝小石頭和橘子種，並帶了他的二位小孩，啓程往東方而去。沿途放置石頭當記號，且順邊將橘子種埋在地裡，每置一個石頭就放一粒橘子種，日姓父子三人如此跋跋了一段漫長的歲月，父親已漸年老，兩個小孩已經長大成人了。當老人衰弱將死的時候，才吩咐二個孩子，繼續向東進發，如將太陽射下來，就沿著橘子樹回來，一定可以回到家。

日姓老人死後，二個兒子就將他埋在路邊，在該處放一個石頭和一粒橘子種。善後處理好了，此兩日姓兄弟仍繼續向東出發，沿途採果爲食，遇到野獸就順手獵來吃，大約經過了十八個漫長的年歲，才到達東方（太陽昇起的地方）。

這時候接近太陽，光線很強，就用樹葉來擋，但樹葉不久就枯萎了，他們乃改用羊皮來阻擋太陽光，在羊皮上開一個洞，可以讓箭由洞穿射出去，大哥這時年紀已大，就要他弟弟來射，由哥哥指導之。

當日姓兄弟射日事準備好了，剛好一個太陽已經下

山，他兩就等另一個太陽上升的時候來射，這時太陽光不太強，看得清楚，比較容易射中。這時只剩下兩支箭了，如不審慎將事，就會徒勞無功的回去，所以正當另一個太陽剛剛昇起的時候，弟弟就瞄準好，一箭就將太陽射中了，此時遍地漆黑，見不到路了。

日姓兩兄弟完成了父親未竟之業後很是高興。雖然天黑，兩兄弟還是沿著原來的路回去，此時路邊的橘子樹已經結果了，就採橘子來吃，因爲天黑獵不到山肉。

日姓兄弟沿著橘子樹回去，到達人埋葬的地方，該處的橘子樹長得很高，石頭也長得很大，其貌似人，兩兄弟面對著石頭（其父葬於石頭之下）說：「我們兄弟射日已畢，父親您老人家交代我們的事，我們並沒有忘記，我們就沿著橘子樹回家了」。

當他們回到家時，鄰居們就來抱怨說：「你們兄弟將太陽射下來後，天一直很暗，該怎麼辦呢？」日姓的人就集會，同時要別姓的代表來參加討論此事。

從前我們賽夏族人不知道有颱風，也不知會下雨，這都是將太陽射下來以後我們才知道的，其他風、雲、霜、露也是這時才知道的。開會的時候，有一位很會講話的長老就說：「射日以後，天一直很暗，我們常常會被野獸吃掉，而且時常不停的下雨，這事是日姓人做的，我們要日姓人悔改」。

會中決定以後遇到不停地下雨就拿sile來祭，由每姓自己祭，這叫做祈晴祭ka-wazal。ka-wazal是從那時以後才有的。祖靈祭pasvake也是從那時才開始舉行。

本傳說故事情節要點：

一、 古時候，有兩個太陽，沒有黑夜，兩個太陽輪流升起。

二、 人們煮飯，卻不知道什麼時候吃中飯。因為沒有黑夜，
人們不停的工作，不知道什麼時候休息。

三、 人們想睡覺，隨地躺下來就睡，因為是大白天，人們往
往就是在睡覺的時候被野獸吃掉。

四、 天上有兩個太陽，人們都覺得甚是不方便，於是，每姓
就派一個最精於箭術的人代表去河邊開會。

五、 開會完畢之後，在遠處畫一個圓圓的目標，就開始比賽
射箭，各姓最精於箭術的代表輪流射之，比賽的結果，
只有日姓tanohera射到遠處圓圓的目標，於是就決定由日
姓的人負起將太陽射下來的使命。

六、 日姓族人帶著他的二位小孩前往東方征伐太陽，他們帶
著弓、箭、羊皮袋、橘子種、小石頭等器物武器食物
等。

七、 他們「沿途放置石頭當記號，且順便將橘子種埋在地
裡，每置一個石頭就放一粒橘子種」。

八、 征伐太陽漫長的歲月，爸爸已經衰老，二位小孩已經長
大成人。當爸爸將死，吩咐孩子繼續前進征伐太陽，若
能成功把一個太陽射下來，就沿著橘子樹回來，一定可
以回到家。

九、 爸爸死後，傷心的埋葬之後，二個兒子大約經過了十八
個漫長的歲月，終於到達太陽升起之處。

十、 兩兄弟，大哥這時候年紀已大，就要他弟弟來射太陽，
由哥哥指導之。

十一、 太陽光線很強，用樹葉來擋但不久就枯萎了，最後改
用羊皮來阻擋太陽光，在羊皮上開一個洞，可以讓箭

　　　　由洞穿射出去。

十二、這時，他們只剩下兩隻箭了，因此要特別審慎，否則
　　　　前功盡棄，辜負爸爸及全體族人的願望。

十三、太陽初昇起，弟弟就瞄準好，一箭就將太陽射中了，
　　　　頓時遍地漆黑，見不到路了。

十四、完成射日偉業的兩兄弟摸黑沿著原來的路回去。

十五、他們以前來時沿路種植的橘子，已經結果，可以採來
　　　　吃了。

十六、兩兄弟沿著橘子樹回去，到達埋葬爸爸的地方，這裡
　　　　的橘子樹長得很高，石頭也長得很大，其貌似人，向
　　　　爸爸在天之靈報告征伐射日成功的消息後，又照爸爸
　　　　遺言沿著橘子樹回家了。

　　本則故事是「日」姓人完成了射日壯舉的故事，從本則故事
來看，賽夏族人認爲有許多自然現象如黑夜、風、雲、霜、露、
雨等，都是「日」姓射日以後才有的現象。

　　因爲大地有了許多自然現象，而相關的祭祀活動也因應而
生，從此開始舉行祭祀，例如祈晴祭ka-wazal、祖靈祭pasvake，都
是從那時才開始舉行。

　　林修澈《賽夏族史篇》：④

　　　　本族也傳說古時候天上有兩個太陽，其中一個沉入
　　西方後，另一個就昇上東方，交相照耀世界，沒有晝夜
　　之分。又傳說，我們的祖先不僅受炎暑之苦，並且因爲
　　沒有夜晚，絲毫不得安眠；而'tajal族又不斷地來襲，於
　　是大家便協議消滅一個太陽，以求免去此苦。於是選了
　　數名十四、五歲的男子，向西出征太陽。

　　　　這些男童準備了很多年糕做爲途中的糧食，且又另
　　外攜帶若干橘樹苗，一路上在兩旁種植。如此地，男童

們經過了許多年，終於到達了世界的最前端。那時正好
是其中一個太陽要沒入地下的時候，他們之中一個叫做
tanohila（日姓）的祖先，把箭搭在弓弦上，朝太陽射
去，該箭射中了太陽，太陽失去了光亮，變成今日的月
亮。於是他們一行人順著原路再回去故鄉，先前在路上
種的橘樹都已長大結了果實，所以在他們在歸途上就採
橘子當做糧食。

此外他們這一行人最初從故鄉出發時，每一個都是
紅顏男童，但據說回到故鄉時，都已成為白髮髯髯的老
翁了。如此世界開始有了晝夜之分，我們才得以安眠。

【註釋】

① 內政部委託台灣大學人類學系研究《台灣山胞各族傳統神話故事與傳說
　文獻編纂研究》，1994.4.30。

② 高淵源《台灣高山族》，台北，香草山出版有限公司，1977。

③ 陳春欽〈向天湖賽夏族的故事〉，載於《民族學研究所集刊》廿一，
　1966春季，中央研究院民族學研究所。

④ 林修澈《賽夏族史篇》，南投，台灣省文獻委員會，2000.5。

第四章

賽夏族巨人與大力士口傳文學

　　賽夏族的巨人傳說，似乎賽夏人並不是很喜歡傳說中的巨人，巨人因為憑恃其孔武有力，因此常常為非作歹，搞得族人不得安寧。

　　族人於是想法子要把巨人消滅，殺死他以維護族人的生命安全，因此，讓巨人「死」，是巨人傳說中最重要的命題。

　　巨人傳說也是一種勸戒與警醒性的故事，警醒那些憑藉武力的人好自為之，不要成了社會的包袱，人人厭惡，成了人人厭棄的對象。

　　高淵源《台灣高山族》載〈卡馬赫魯期的故事〉：①

　　　　從前，在五指山上，住著面目猙獰的大嘴巨人，巨人雖然力大無比，卻不會上山打獵，只想佔別人的便宜。同時常常跑到部落裡，專為居民搗蛋作惡。

　　　　每次部落人上山打獵時，他就悄悄的躲在野獸必經之地，伺機而動。等到獵狗把野獸從森林中趕了出來，他就趁機張開大嘴，連動物帶狗，統統吸進肚子裡，吃飽了就逕自下山睡大覺。

　　　　人們雖然很憤怒，無奈巨人兇猛無比，誰都不敢得罪他，只有忍氣吞聲，以免巨人兇性發作，殃及部落。

　　　　部落首長召集青年，偷偷的商議消滅巨人的方法，結果大家同意用烤熱了的大石頭燙死他。

　　　　於是就在巨人居住的房子上面斜坡上烤了一塊與山豬一般大小的石頭，往下一推，大家齊聲喊到：「山豬滾下去了！山豬滾下去了！」巨人一聽大喜，衝出屋外一看，果見一個東西向自己的地方滾落下來，巨人以為是真的山豬來了，張開大嘴巴，把它囫圇吞下了肚子，誰知道，一下子燙焦了他的內臟，巨人捧著大肚，在地上翻滾了幾下，吼叫一聲，就嗚呼哀哉了。

本故事賽夏族人對於巨人的認知：

一、巨人住在五指山上，他有一間房子。

二、巨人的面目猙獰，大嘴巴，常到部落裡搗蛋作惡。

三、巨人雖然力大無比卻不自己上山打獵，只想佔別人的便宜。

四、巨人與民爭食，族人狩獵，他以逸代勞等著族人從森林中趕出的野獸，乘機張開大嘴把野獸都吃掉，甚至連獵狗也不放過。

五、族人計畫消滅殺死巨人，以免其繼續搗亂和與族人爭奪獵物。

六、族人商量決議用烤熱了的大石頭燙死他。

七、族人在巨人住屋上方斜坡烤熱與山豬一樣大小的石頭。

八、族人把烤熱的石頭滾向巨人的住處，誘騙巨人「山豬滾下去了！山豬滾下去了！」

九、巨人「衝出屋外一看，果見一個東西向自己的地方滾落下來，巨人以為是真的山豬來了，張開大嘴巴，把它囫圇吞下了肚子」。

十、巨人的內臟被石頭燙焦了，終於嗚呼哀哉。

《生蕃傳說集》，佐山融吉、大西吉壽著（1923），余萬居譯：②

　　　　古有一人，名kamarawar（或謂marawar），如河水氾濫時，常以其物為橋，供人過河。可是，他又是一個好色之徒，常以其物致女人於死。

　　　　所以，女人們要過那座橋時，都要格外小心，以免引起其性慾。有一次，女人們到河裡去捉蝦子時，他又做起那種事來。女人們以魚叉狠刺之，惡盈滿貫的kamarawar也終於死掉。

本故事強調巨人的陽具巨大得可以當一座橋，但是他性喜女色，最後終於被殺死了。

本故事最大的特色是殺死巨人的不是男人而是女人，這在台灣原住民的巨人口傳文學中是很特殊的。

本傳說故事的教育意義是讚揚婦女的冷靜與勇氣。

《原語による台灣高砂族傳說集》，小川尚義、淺井惠倫著（1935），余萬居譯：③

> 太古時，有一個大嘴巴的人叫做kamahelos。打獵時，人們一把野獸引出來，他就把那趕出來了的山豬和狗，擅自吸食進去，讓眾人對他很不高興。於是，社人想了一計謀，誘kamahelos吃下一塊火燒過的石頭，後來此計得逞，kamahelos死了。

本故事這位巨人kamahelos是個大嘴巴，人們狩獵把野獸引出來，kamahelos就把野獸和獵犬都吃了，族人都不高興，最後誘巨人kamahelos吃下一塊火燒過的石頭，把巨人kamahelos燒死了。

巨人巨大，應該可以自己尋找食物，但是他很懶惰，總是佔別人的便宜，人們都非常恨他，所以想盡辦法把他殺死。

《番族慣習調查報告書第三卷賽夏族》：④

> 古時候本族有一個名叫robengez的大力士。砍伐大樹時，只要有他一個人站在樹下支撐，就能擔挑起來。
>
> ……

這位大力士名叫robengez，能夠在樹下支撐砍倒的樹，並且擔挑起來，可見他真的是力大無比。

【註釋】

① 高淵源《台灣高山族》，台北，香草山出版有限公司，1977。

② 內政部委託台灣大學人類學系研究《台灣山胞各族傳統神話故事與傳說文獻編纂研究》，1994.4.30。

③ 同②。

④ 黃智慧主編《番族慣習調查報告書第三卷賽夏族》，中央研究院民族學研究所編譯，1998.6。

第五章

賽夏族矮黑人口傳文學

壹、矮黑人綜論

「史前台灣人」有的距今五萬年，這表示台灣的地下正藏著至少五萬年我們未知的人類之秘密。台灣史前的文化來源包括中國、中南半島、菲律賓、印度、印尼等。

但因史前的台灣人距今遙不可及，目前尚無法斷定矮黑人是否為今天台灣十八種住民中的哪些民族的祖先。

這長達兩千年到五萬年的文化「斷層」，我們只得從現今存在的「現代台灣人」來追溯各族的祖先。

台灣歷史舞台上先後出現的民族，除了「史前人」之外，再來就是據估計已經在台灣滅絕了兩百年的「矮黑人」，然後才是原住民、平埔族，之後才是漢民族。

最早入居台灣的先住民族，可能有若干，如已滅絕的矮黑人（Negriitos），又如瑯嶠族，係於百餘年前始滅絕，此等已滅絕的先民，當為台灣史前文化的主人。（瑯嶠族，德人李斯Riess與日人原坦，皆認其為琉求人。）

清代文獻，對於台灣矮黑人的記錄相當詳細，矮黑人出現的地點也相當廣泛。西元一九一八年，日本的伊能嘉矩就已來台研究台灣先住民文化，他在日本的《東洋時報》發表了一連串震驚的文獻，標題為「台灣の烏鬼番」。

他在這篇文獻中指出，台灣的土著各族之間，除了蘭嶼的達悟族（雅美族）之外，幾乎各族都有他們的祖先與「矮黑人」相處的故事。

甚至今天，台灣原住民之間還有許多關於矮黑人的傳說。這種傳說，同時存在於泰雅、布農、鄒、邵、排灣和賽夏族等之民俗信仰之中。布農族和鄒族更指出矮黑人比他們早到台灣。

人類學家說，太平洋西岸一系列的火山島嶼，由日本、琉球、台灣、菲律賓、印尼，都是屬於「火山錐」的花綵列嶼，島

上的原始住民都是一種「矮黑種」的民族，迄今只剩菲律賓（傳迄今尚有四、五萬矮黑人）、印尼等地留存有這種人類。北半球日本和台灣島上幾乎已全部滅絕。

　　日本史前史也提到日本有一種矮黑土著的原始住民，日本歷史上稱之爲「土蜘蛛」，即矮黑人。

　　有人說，可能因爲他們喜歡住穴屋（洞穴），猶如黑蜘蛛從洞裏出入一般，是日本的原始住民，身體黝黑，與台灣矮黑人一模一樣，後來也不敵新文化，今已全數滅絕。

　　印尼至今仍有住在地下窖洞的矮黑族。菲律賓的矮黑人更活躍，在菲律賓矮黑人則稱呼爲「Negritos」、「Ifugao」。第二次世界大戰期間，被徵調前往菲律賓作戰的台籍日本軍伕就有不少人遇見過「矮黑人」，也有不少人在逃亡途中，遇到一大群矮黑人包圍的驚險奇遇記。

　　矮黑人雖然在台灣和日本已經絕跡，但在南洋的許多島嶼，他們還是一個活生生的實體。這也說明了歷史舞台上，文化交替的軌跡。

　　人類學家說，其實太平洋西岸一系列的火山島嶼，由日本、琉球、台灣、菲律賓、印尼，都是屬於「火山錐」的花嶼列島，島上的原始住民，都是一種「矮黑種」的民族，迄今只剩菲律賓和赤道一帶的印尼等地，留存有這種人類。北半球日本和台灣島上，幾乎已全部滅絕。印尼至今仍有住在地下窖洞的矮黑族。

　　矮黑人存在亞洲花綵列嶼似乎正確無誤，自不待言。從台灣原住民各族的傳說皆稱台灣的小矮人身材矮小，行動敏捷，膚色暗黑，毛髮捲縮，用弓矢，善游泳巫術，有紋身之俗，住岩洞，架獨木橋，凡此大致與尼格利多negritos（矮黑人）種族相一致。

　　「矮黑人」是環太平洋列島的原始住民，由於時代與生存環境的劇變，「矮黑人」雖然他們在台灣和日本以及琉球已經絕跡，

但在南洋的許多島嶼，如菲律賓群島和印尼群島，菲律賓土著中的「矮黑人」，或許也曾居住在台灣。

就菲律賓群島今尚為尼格利多族之住區中心觀之，則台灣之曾有其分布，似乎屬當然之事。

伊能嘉矩的《台灣蕃政志》中，曾記載有「烏鬼蕃」。這是由曾於荷領東印度群島傳教的法蘭索・瓦連汰（Francous Varentyn）的傳記中曾提到，在台灣的山中有一種「柴毛斯克」的黑人生活著，所引述的。

一九一八年伊能嘉矩在東洋時報連載了〈台灣的烏鬼蕃〉。他指出台灣原住民各族之間，除了蘭嶼雅美族之外，各族之間各有不同的語言、宗教和風俗習慣，但各族都流傳著矮黑人的傳說。現在新竹縣和苗栗縣之賽夏族，到了二十世紀的今天，都還在舉行巴斯達隘矮靈祭典。

關於這種小黑人的傳說，在台灣的舊記中也存在著。在南台灣也有被稱為「烏鬼蕃」的黑人的遺跡，台灣的舊記上說：

一、烏鬼蕃本為國名，後為紅毛奴（荷蘭人的奴隸），其遍體純黑，入水也不會沉沒。

二、烏鬼蕃的頰下有鰓，狀如魚鰓，可於海中潛伏數日之久等等。（《鳳山採訪錄》）

台灣原住民指稱的矮黑人名稱雖然不同，但都指出矮黑人的共通點，即身材矮小，行動敏捷，膚色暗黑，毛髮捲縮，善於使用弓箭，還會巫術，住在山岩石洞。

這種種特徵與特性，與現今居住在印尼爪哇婆羅洲的「尼克利多斯」（Negritos）種族非常相近。事實上，在一八九七年，即日本佔領台灣的第三年，就有歐洲來遠東研究人類學的學者指出，台灣是「尼克利多」種族的分布區之一。至今，台灣南鄰的菲律賓仍為尼克利多種族的分布核心區。德國人霍斯（Riess）指

出，尼克利多種與早期琉球種非常相近。據東海大學史學教授洪
敏麟教授推測，台灣矮黑人的滅絕，可能絕種還不到兩百年。①

　　小矮人（Negritos）是住在東南亞、澳洲北部、印尼、新幾內
亞和菲律賓。安達曼島的安達曼人，馬來半島的塞范人，也屬於
小黑人種之一。他們住在孤立、多山的內部地區，身高不到五英
呎，以捕魚、狩獵、耕種、採集水果、植物為生，也能吹毒箭，
射程可達一百五十公尺之遠。菲律賓呂宋島的內庫利得族也是其
中之一，是菲國七種土著群中最原始的一族，也穿丁字褲，駕獨
木舟捕魚；他們自稱為「黑人」。女黑人負責採集植物和建造茅
草屋，男黑人負責漁獵，已完全不會自己的族語，目前已都使用
周圍各大鄰族的語言和用具。②

　　在南投縣仁愛鄉發現的「曲冰遺址」，同時出現大小兩種截
然不同的石棺，似乎是同一片土地，經過長久以來已有二種不同
文化的人群使用過，且各自留下各自的「遺物」。

　　「小石板棺」是否是矮黑人的「遺物」呢？如果不是他們所
有，難道會有第二種矮人族住在台灣？

　　據中日學者們研判，早期的「台灣人」，他們的滅絕年代不
遠，在清朝時代仍有矮黑人的目擊及聽聞的記載，可推知這種身
高不到三尺、頭髮捲曲、皮膚黑棕的人種，在台灣消失可能不到
三百多年。

貳、曲冰遺址發現矮黑人遺址

　　南投縣仁愛鄉山區於一九八一年發現一處前所未見的史前人
類「大墓區」，距今二至三千年，是台灣島內規模很大、佔地最
廣也最奇特的一處史前遺址。由於發現地點是在南投縣仁愛鄉萬
豐村的「曲冰」段五八四號山區保留地附近，故稱之為「曲冰遺
址」。

　　一九八〇年十月間，中央研究院歷史語言研究所考古組助理研究員陳仲玉教授，參加中央機關公僕自強活動而舉辦的「楓葉谷健行隊」，到達仁愛鄉法治村的武界原住民部落後，就由武界步行至萬豐村的山地部落「曲冰」，再由曲冰前往親愛村奧萬大楓葉谷，途中經過距離曲冰僅一·五公里的河谷山路上，突然發現地面上有很多史前時代的石器，判斷該處河谷一定是考古學的處女地，應作發掘之試探。

　　陳仲玉先生隨中央機關公僕自強活動「楓葉谷健行隊」完成健行返回台北後，即將此次發現，向歷史研究所前任所長高去尋院士與石璋如院士提出報告並建議應即著手試掘計畫，並獲得國家科學委員會的經費補助。

　　於是陳仲玉先生偕同研究助理余澤宇先生於一九八一年下半年利用兩週的時日，重來現場作田野調查，發現有石器的地點竟有十五處之多，其中最少有三處可以挖掘計畫，便詢問當地布農族原住民這三處的土地名為「姊源」、「妹源」、「哥哥源」，其地名甚為怪異，但詢之原住民，亦不知其由來。

　　一九八一年十月間陳仲玉、余澤宇兩位先生，再次前來萬豐村，即選定在「姊源」先行試掘，並雇用當地原住民多人挖掘，該處土地面積約有九千餘平方公尺，至一九八一年底已挖掘的部分，為一深約一公尺之長方形探坑，長約三十餘公尺，寬約二十餘公尺，探坑中顯示出的石板岩為房屋基礎，石牆、石板棺等。

　　由於該遺址規模龐大，且每一個史前人類的石屋內的石板棺都非常小，小得就如小孩子或專供嬰兒用的那種尺寸，因而，使人類學家一時也想不到為何此處佈滿了「袖珍石板棺」？

　　因為石板棺的尺寸，與現居台灣的原住民十族的身材完全不合，初步研判「曲冰遺址」，可能是一支已經在台灣本島「失蹤」的民族所居住，且身材可能非常矮小，因此有的學者已懷疑，他

們是否就是在台灣消聲匿跡的「矮黑人」呢？

　　此事引起了台灣人類學家與考古學家的激烈爭論，但對究竟是那一族類居住在「曲冰遺址」，還未有定論。但支持「矮黑人」的論點卻大有人在，然而，除了「矮黑人」之外，似乎已無較可信的說法了。

　　對於這一支可能存在於距今二、三千年前的古老族類，他們與台灣原住民有何淵源？他們因何而亡？

　　「曲冰遺址」發現後，不但沒獲得當地與中央政府的重視，竟任其廢棄，無人管理，因而破壞了不少東西。直到五年後，一九八七年八月，文建會和內政部民政司率領專家學者來到曲冰，再度勘察它的歷史價值，認爲是台灣年代最久的先住民聚落，才正式把它列入「三級」古蹟維護。「曲冰遺址」存在的意義，說明了早在二、三千年前，台灣就有一種「原本就住在山地」的眞正的「山地人」。

　　中央研究院歷史語言所考古組在曲冰做了四個月的田野調查（一九八一年十月至一九八二年一月），他們發現二千多年前的曲冰部落遺址，一反常態地座落在「高位河階面上」。

　　他們在高位河階面上掘出原始的「石板棺」，所謂「石板棺」就是用巨大的石材粘板岩所合成的石棺。他們的墳墓就設在自己的住宅裡面，考古隊所挖出來的石棺，就位在住屋石牆和房屋的基牆內側。

　　這處二千多年前的大型聚落，從屋子基礎石的排列看來，顯然是一間緊鄰著一間的「緊密排列」型，房子間隔緊湊而且整整齊齊。

　　每間屋宇幾乎都埋有一具石棺，有大的有小的，令考古學家想不透的是，爲何「小石棺」比「大石棺」多，且按現今原住民的習俗，小孩子死亡並不使用石棺，只簡單地草草下葬，由此有

人懷疑這麼多「小石棺」，很可能是另一種早期的台灣先住民「矮黑人」所有。

曲冰遺址出土的文物還有由石砂岩所砍製而成的「石斧」，連弓箭頭也是石製的「石簇」、「石紡錘」和捕魚用的「石網墜」，及石積、尖推等石器用具，更有夾砂灰及燒製而成的容器紅色陶片等器物，顯然此區是一個大型的聚落，已有定居式的文化生活。

「姊源」北有埋石山，海拔一‧五一〇公尺，東南有富源山，海拔一‧五八〇公尺，西臨武界越山，東北面五公里是親愛村萬大部落。

姊源位於濁水溪上游的懸岩上，亦為武界水壩的北端，距離布農族萬豐村曲冰部落一‧五公里，因其地緣關係，故將目前發掘之處，暫定名為「曲冰遺址」。

「曲冰遺址」是國內迄目前為止，發現最完整的先人遺址，由中研院史語所陳仲玉教授率領的一支考古隊伍，於一九八一年十月在該址做了近四個月的挖掘，並採用深坑挖掘法，總共挖六十二個單位坑，挖掘總面積為六百平方公尺，僅為全遺址面積的十五分之一，初步估計遺址面積在九千平方公尺以上。

「曲冰遺址」最大特色是發掘坑中分布相當緊密的居室建築遺蹟的現象，顯示出它是一處史前的聚落遺址，若干居屋的裏外舖有板岩地板，另有似桌子的平台及儲物槽等。

史前遺物分陶片與石器，陶片出土有九千七百餘片，為紅褐色與灰黑色。石器方面如石斧、石錛、槍頭、尖錐、紡錐、網墜、刮削器、矛、鏃、石刀等用具，共出土兩千餘件，以石斧形、石器最多。據初步觀察，與已出土的台灣史前文化器物相比，類似濁水溪中游一帶的「大邱園文化」，以此推斷，距今應在一千五百年至二千年間，精確的年代尚待將出土的木炭做碳素十四的年代鑑定。

「曲冰遺址」陳仲玉教授曾規劃建野外博物館，擬開放觀光，其規劃包括維護棚蓋、展覽、展覽諸室、停車場、環境美化，經費高達六千萬元。

礙於中央和地方財源都有困難，這項大手筆的開發建設案，實現無期，於是爲免古蹟遺址遭風化而損耗，決定先將開挖六、七年之久的部分予以回填，俟來年希望建館開放。

如今「曲冰遺址」，應列爲古蹟保護區，俾作以後全面的發掘，始可作考古深入之研究，諸如「建築結構」、「經濟生活」、「古生態環境」等方面的深究探索，進一步將需設置現場陳列館，可爲教育機構提供一歷史性的生動教材，更可配合仁愛鄉原住民觀光資源，貫通合歡山、清境農場、霧社、廬山溫泉、萬大水庫等山地風景區，形成一原住民觀光帶，對地方觀光事業之發展，裨益良多。

日據時期，日人考古學家淺井惠倫於一九三八年至埔里挖掘大馬璘遺址。淺井惠倫的研究報告也指出，埔里盆地對台灣印度尼西亞族的興衰有重大的影響。據南投的原住民居住分佈，在南投北側山區的仁愛鄉以泰雅族爲主。南投山區中部則爲布農族居住，南側信義鄉則多爲布農族和鄒族。埔里、水里則在明代清代就是平埔族洪雅安、帕則海、道卡斯、巴布薩、拍布拉等各族的居住地。

埔里盆地在明清兩代的歷史紀錄，就有眉溪泰雅族的「眉番」，在埔里枇杷城的布農族叫「埔番」，合稱「埔眉番」。後因漢人大批侵入，埔眉番退入山區，但迄今泰雅族仍有不少人住在此區。

儘管如此，泰雅和布農的石棺都不致於「太小」，與「曲冰」遺址的小石棺不成比例。且下葬的風俗顯不同，因此有部分學者否定「曲冰」爲當地布農或泰雅族的祖先所有。

這些學者認爲布農與泰雅根本不用石棺把小孩子下葬，他們的習俗認爲夭折的小孩是「不吉祥」的、是「惡死」之一，必須直接用草裹住埋入土裡，而只有成人才用石棺下葬。

因此「曲冰遺址」出現的許多小石棺，他們認爲可能是台灣已失蹤三百年的矮黑人所有。由於矮黑人有相當的文化水平，連原住民各族都得向矮黑人學習種栗、巫術、豐年祭等等各種文化技能。

參、賽夏族矮黑人傳說故事

原始的賽夏族，是個有語無文的部落，一切族史、族規和神靈事蹟，都是代代口授相傳沿承下來，到如今就成爲「傳說」了。

在古代原始宗教中，神話傳說是宗教儀式的執照，賽夏族以一個傳說故事，來支持這個「巴斯達隘」祭典儀式的舉行，這個傳說也就成爲賽夏族信仰的一部分。③

賽夏族有一個悽慘哀怨的傳說故事，而形成賽夏族人信仰的中心，左右著他們的生活。

宮本延人從事原住民的調查中，也說原住民之間有過矮人的傳說。在原住民之間流傳著所謂先住民的傳說中，尤其是賽夏族，認爲他們的祖先，曾與住在該地稱之爲「泰」（按即指達隘taai）的部族作戰，並將這些人放逐之後，自己才在該地定居下來的。據說「泰」族體型小，膚色黑，作戰力強，又據賽夏族傳說taai（矮人）是賜給他們糧食的「原有者」。

新竹苗栗的賽夏族至今還保留每二年舉行「矮人祭」（巴斯達隘祭），就像河洛人「做醮」那樣盛大。

苗栗的賽夏族人把矮黑人祭典叫做「巴斯達隘」pastai，每當二年栗可收獲，稻子成熟了，且已經收割三分之一時，開始進行，且連續祭拜六夜，即每天的傍晚，日落之前開始，直到隔天的日出爲止。

　　賽夏族把男的矮黑人叫做「他愛」taai，把女的矮黑人叫做「多愛」toai，把矮黑人的祖先叫「可可」koko。

　　與賽夏族不屬於同族的「矮人」，為什麼能在賽夏族的信仰體系中佔有重要地位呢？賽夏族的傳統祭儀類別甚多，例如播種或收穫的「祖靈祭」pasvake便以祖先為祀拜的對象。不過其他祭儀的規模較小，不似矮人祭集結動員了所有賽夏族的姓氏和地域群，成為該族最盛大、最具特色的祭儀活動。

　　據賽夏族人說，矮黑人行動敏捷，膚色暗黑，毛髮捲縮，擅長游泳，能架設獨木橋，使用弓矢，且精通巫術，身上有彩紋，住在山洞裡，是「穀物的原有者」。

　　賽夏族的矮靈祭是該族各種信仰中最重要的一種祭典，長達六天，連續數晝夜，規模之大小，是其他祭典所望塵莫及的。

　　賽夏族人每二年做一次「小祭」，每十年做一次「大祭」，祭儀中最重要的幾個項目為，迎靈：迎接矮黑人靈魂；娛靈：唱歌跳舞使接來的矮人靈魂高興；送靈：最後一天為歡送矮黑人靈魂回去。

　　從巴斯達隘矮人祭的傳說、祭歌、儀式過程中，我們不僅能夠發現賽夏族社會組織像父系氏族之運作，還可以探究異族人和異族文化在賽夏人之觀念與情感世界中扮演的特殊角色。④

　　賽夏族人傳之久遠的巴斯達隘矮靈祭典，是該族最突出的文化遺產，也是台灣人類文化史的重要遺產。

　　從賽夏族與行巴斯達隘矮人祭典裡，或許告訴我們，台灣的居民，除了目前現有的各種族群之外，過去還存在有「失蹤的種族」。

　　而這一支「失蹤的種族」，與賽夏族人曾經有過密切地交往，賽夏族的人們相信，祖先的米穀與粟穀，是來自這支失蹤的民族，這個「失蹤的種族」是米糧的原有者。

　　賽夏族人他們祭拜矮人靈魂的目的在感恩與祈福，並祈求矮靈保佑米糧永久賜給賽夏族人，同時也央請矮人靈魂原諒，消滅了他們，請他們息怒，彼此能夠化解恩怨。

　　賽夏族人爲了表示誠意，甚至於把原來的收穫祭改爲巴斯達隘祭典（矮靈祭）。我們從巴斯達隘矮靈祭典裡，可以看出賽夏族人是個惜福、懂得感恩與知恩圖報的可愛民族。

　　賽夏族人是台灣原住民各族當中與台灣古先住民「矮人」taai有著密切交往的族群，至今仍然保存著巴斯達隘矮靈祭典，是世界文化中，極爲珍貴而且特殊的祭典儀式，它敘述了神秘的種族，台灣矮黑人的故事。

　　據賽夏族人說這個巴斯達隘矮靈祭儀，流傳了不知多少年了：

　　　　在古早古早以前，有一種身高只有賽夏人肚臍高的矮人，住在今天新竹山區上坪溪上游右側的「麥卡阿控」的山洞裏。

　　　　矮黑人常常下山以打獵爲生，教導賽夏族人耕種，也教導賽夏族人唱歌、跳舞，以及教導如何種粟和收割，也傳授巫術的技巧和祭拜天地的禮儀。

　　　　但是賽夏族人後來才發現，矮黑人對賽夏族人「友好」，並非完全沒有目的，原來不少矮黑人在利用跳舞時騷擾賽夏族女人，晚上甚至引誘姦淫賽夏族婦女，但是賽夏人對矮黑人心存不軌敢怒不敢言。

　　　　直到後來被凌辱的婦女太多了，賽夏族人實在忍無可忍，因此決定要殺死矮黑人，但是矮黑人那麼多，賽夏族人又戰勝不了他們，於是想出了一個計謀，就是利用年中最大的一次祭典中，邀請全部的矮黑人下山來「做客」，然後再一舉消滅矮黑人。

　　當矮黑人酩酊大醉的時候，賽夏族人就開始下手屠殺，大部分的矮黑人都被殺死了，但是有一部分矮黑人逃過溪口，賽夏族人又斬斷藤條吊橋，使殘餘的矮黑人掉入溪中淹死。

　　惟仍有幾個矮黑人沒死，在爬上溪對岸後，放言上天必降下瘟疫給賽夏人，讓賽夏族人全部死光，所種的粟米也全部不會結實，只會結空穗子，讓賽夏人全部餓死。

　　由於矮黑人會巫術，賽夏族人聽了，心中非常懼怕，於是族人每次粟子收穫時必祭拜矮黑人，祈求矮黑人原諒，靈魂不要奪去粟米，祭典一直保留至今。

本傳說故事情節要點如下：

一、古代小矮人確實存在，他們「住在今天新竹山區上坪溪上游右側的「麥卡阿控」的山洞裏」。

二、矮黑人常常下山以打獵為生，並且與賽夏族人有所交往。

三、矮黑人的智慧相當高，而且也不吝惜指導他們的知識與技藝，把所知者傾囊相授，賽夏族人受益實在甚多，則賽夏族人之文化實受之於矮黑人，那麼賽夏族人也等於是矮黑人文化的實踐者也不為過：

　　1. 教導賽夏族人耕種的方法與技巧。

　　2. 教導賽夏族人唱歌、跳舞等娛樂。

　　3. 教導賽夏族人如何種粟和收割的技術。

　　4. 傳授賽夏族人巫術的技巧。

　　5. 傳授賽夏族人祭拜天地的禮儀。

四、矮黑人性好漁色，「利用跳舞時騷擾賽夏族女人，晚上甚至引誘姦淫賽夏族婦女」。

五、賽夏族人對於矮黑人對本族婦女心存不軌的行跡，敢怒不敢言，因爲矮黑人善於施法巫術，而且矮黑人亦實有恩於賽夏族人。

六、賽夏族人對於有恩惠於己的矮黑族人，百般忍耐，終於怒不可遏，「直到後來被凌辱的婦女太多了，賽夏族人實在忍無可忍，因此決定要殺死矮黑人」。

七、賽夏族人知道他們戰勝不了矮黑人，必須要用計謀才能戰勝他們。

八、賽夏族人利用年中最大的一次祭典，邀請全部的矮黑人參加。

九、賽夏族人殷勤勸酒，「當矮黑人酩酊大醉的時候，賽夏族人就開始下手屠殺，大部分的矮黑人都被殺死了」。

十、這次憤怒的賽夏族人消滅矮黑人大屠殺的行動，「有一部分矮黑人逃過溪口，賽夏族人又斬斷藤條吊橋，使殘餘的矮黑人掉入溪中淹死」。大有趕盡殺絕之勢。

十一、賽夏族人大屠殺矮黑人的結果，最後仍然有幾個矮黑人沒有被殺死，他們爬上溪的對岸。

十二、殘留沒有被殺死的矮黑人，詛咒賽夏族人「降下瘟疫給賽夏人，讓賽夏族人全部死光，所種的粟米也全部不會結實，只會結空穗子，讓賽夏人全部餓死」。

十三、賽夏族人對於矮黑人的詛咒，非常恐懼與害怕，於是族人每次在粟子收穫時，必祭拜矮黑人，祈求矮黑人原諒，靈魂不要奪去粟米，此祭典一直保留至今」。

賽夏族人舉行巴斯達隘矮靈祭，祭拜矮黑人，並不似漢族人祭拜祖先，乃由於慎終追遠，而是由於害怕矮黑人報仇，而舉行巴斯達隘矮靈祭。

賽夏族人舉行巴斯達隘矮靈祭，一方面是向已死的矮黑人靈

魂祭拜，以免矮黑人的惡靈來騷擾賽夏族人，另一方面也是慶祝山田中粟米之收成。

　　賽夏族人消滅小矮人，打了敗仗僅少數逃走的矮黑人，從此就消失在森林之中，不知去向了。

　　賽夏族人認爲他們所種植的穀物，都是源自於矮黑人指導，如今矮黑人已經「失蹤」了，賽夏族人恐怕穀物也會隨之而去，所以用祭拜小矮人靈魂的方式，祈求矮黑人不要奪走他們的穀物。

　　一般認爲，台灣的小矮黑人，苗竹地區的矮黑人可能已被賽夏族人所「消滅」，賽夏族人對被消滅的小矮黑人，由征服他們，進而懼怕他們的靈魂會來奪回原屬於小矮黑人的地方與穀物。

　　賽夏族人對於事實上曾經有恩於他們的小矮黑人，並且消滅了他們，爲減少內心的罪惡感和被小矮黑人詛咒的恐懼感，而有此舉巴斯達隘「精靈崇拜」。

　　按台灣原住民亦屬於「精靈崇拜」，「精靈崇拜」亦經常可以在原住民各族的祭典中表露無遺。

　　關於賽夏族人「巴斯達隘矮靈祭典」的由來，與「矮黑人」的傳說很多，亦甚爲豐富：

　　　傳說：古時候，在大霸尖山下，住著賽夏族人和矮
　　人族，現在的新竹縣五峰鄉大隘社一帶，很久很久以
　　前，有一群矮黑人，群居在附近。

　　根據這則故事，古代賽夏族人居住的區域裡如大霸尖山下和新竹縣五峰鄉大隘社一帶，有小矮人居住。

　　本則傳說故事雖然比較簡短，但卻指出了賽夏族人與矮人族之間關係密切之必然性，因爲在當賽夏族人仍然居住在他們的發祥聖山大霸尖山的時候，賽夏族人就與矮黑人毗鄰而居了。後

來，賽夏族部分族人遷移居住於新竹縣五峰鄉大隘社一帶，也有一群矮黑人群居在附近。因此，賽夏族人與小矮人的相處，可謂相當密切。

雖然台灣的原住民族，有許多族群都有關於小矮人的傳說故事，但是與小矮人相處最深刻的可能以賽夏族人爲最密切了。

> 相傳：上古時代賽夏族祖先，來自一個小島，到達新竹地方，定居下來，在桃山附近有矮人種族，遂隔澗爲鄰。

> 矮人機智矯健，教授賽夏族人農耕、狩獵、醫藥、祭祀等重要知識。

> 四百年前，在一次收成祭時，矮人不肖分子污辱賽夏族婦女，矮人族又成群曲護，遂引起賽夏族青年報復之心。

> 翌年祭典，矮人照例過溪澗參加，賽夏族青年於澗橋中央預伏，突然斷枇杷樹橋突襲，矮人墜溪澗，大都殉難，所剩餘之矮人，已經無力抵抗。

> 惟矮人機智，仍能與賽夏族人相約，每兩年舉行一次慰靈祭，十年大祭一次，以弔慰落澗被殺殉難之亡魂，約定後，殘餘矮人，扶老攜幼，相率向東方而去，不知所終。

> 一直到現在，未再發現矮人後代的蹤跡，或者已絕種於人世，或遠離本島，浮海他去。賽夏族人爲尊重與矮人族的諾言，每隔一年舉行慰魂祭一次，十年大祭一次。

本則傳說故事涉及了賽夏族人的遷移歷史，賽夏族人可能來自海外，但是故事中的「小島」，不知所指何地？

從故事中賽夏族人在新竹定居下來時，在桃山附近似乎矮人

族已先賽夏族人在這裡定居了。

　　如果如故事謂「上古時代賽夏族祖先，來自一個小島，到達新竹地方，定居下來，在桃山附近有矮人種族，遂隔澗爲鄰」，那麼矮人族是更早於台灣原住民居住於台灣本島的居民。

　　小矮人在賽夏族人的眼光中是機智矯健的人，從故事謂小矮人「教授賽夏族人農耕、狩獵、醫藥、祭祀等重要知識」來觀察，小矮人的心胸是寬大的，容納性很強，因爲他們沒有對新遷移居住的賽夏族實施攻擊，或拒絕賽夏族人搬遷來此居住的舉動，反而傳授賽夏族人農耕、狩獵、醫藥、祭祀等重要知識。

　　由此看來，小矮人對於自己的經驗和知識是無私的，所以小矮人願意教導賽夏族人，對於賽夏族人的生活，有很大的貢獻，由是賽夏族人心存感激。

　　但是，矮人族性好漁色，姦淫婦女，非但不承認錯誤，而且還成群曲護，於是引起賽夏族青年亟思報復之心。

　　世界上有許多成敗興亡的事情，與女人有密切的關係，台灣原住民各族都有有關女人與祭典的禁忌，似乎活該倒楣的事都要由女人來承擔，在賽夏族的矮人傳說裡「女人」再次成爲犧牲、祭品。從故事中我們可以知道，賽夏族人與矮人之決裂，源於矮人之敗德。

　　賽夏族青年們等待報復小矮人的時機，終於等到翌年祭典，矮人照例過溪澗參加賽夏族邀約的祭典，青年於澗橋中央預伏，乃突然斷枇杷橋使矮人族墜溪澗而亡，小矮人大都罹難，所剩餘之矮人，已經無力抵抗。

　　本則傳說故事賽夏族英勇的青年們所斷之橋說明的很明白，是砍斷了「枇杷樹」橋，大部分的傳說故事都沒有說明「橋」是什麼樹種所做的橋？

　　惟因小矮人因爲實有恩於賽夏族人，所以剩餘未罹難的小矮

人仍能與賽夏族人相互約定，每兩年為罹難落淵被殺的矮人靈魂舉行一次慰靈祭，十年要舉行大祭一次，約定後，殘餘矮人扶老攜幼東去，從此不知所終。

小矮人去了哪裡？一直到現在，再也沒有發現矮人的蹤跡，他們是否有後代？或者已絕種於人世？他們有可能遠離本島，浮海他去，另覓新天地，過著他們安全的生活？

賽夏人為實踐諾言，每兩年舉行一次安慰矮人靈魂的祭典，每十年又舉行大祭一次。這個祭典一直延續至今，且愈來愈盛大，可見賽夏族人不僅是一個非常信守諾言的族群，也是重視實踐諾言的民族。

從賽夏族人巴斯達隘矮靈祭典，我們可以發現，主祭者常朝著東方膜拜，或許與傳說中矮人族遷往日出之東方不無關係。

在許多傳說中有謂，賽夏族人殲滅了所有的矮人族，只剩下男女一對矮人老者存活，本則故事則說：「殘餘矮人，扶老攜幼，相率向東方而去，不知所終。」所以矮人族並沒有被賽夏族人全數殲滅，似乎剩餘逃走的人也不少。可是他們到底去了哪裡呢？

賽夏族人是非常講究信用的人，為了尊重並實踐諾言，四百年來，每兩年舉行一次巴斯達隘矮靈祭典，十年一大祭，從未間斷。

傳說，在東方的河流之東，有一種高僅三尺（約一公尺）的小矮人，叫做「達愛」taai，住在現在的上坪溪上游右岸的「麥拉阿拉」mailaara山的山腰洞穴中，皮膚黝黑，捲髮，因為他們懂得一種奇妙的祭儀，所以能使收成豐足。

「矮黑人」經常下山到賽夏族人的部落，教導賽夏族人耕種的技術，以及教授舞蹈、唱歌、巫術⋯⋯等

等，賽夏族人常請他們來參加秋收的豐年祭典，祈求豐收，共同歡愉。

賽夏族人的文化幾乎大都由矮黑人傳授而來，「矮黑人」也教他們祭拜天地的儀式和歌舞。

初時，「矮黑人」大致上與賽夏族人和平相處，但是，矮黑人對賽夏族人「示好」，並不是完全沒有目的，小矮人性好女色，不把賽夏族男子看在眼裡，經常調戲婦女，矮黑人常常軟硬兼施趁機拐騙賽夏族婦女，甚至強暴賽夏族婦女。

賽夏族人很憤怒，但是，敢怒而不敢言，忍耐了很久，矮人更是變本加厲，賽夏族人終於忍無可忍受不了了，於是他們開會討論對付小矮人的方法，但又害怕矮黑人的法術，怕他們報復。最後全族一致通過，決議：我們賽夏族人不能再過這種受矮人欺侮的日子，我們必須徹底的消滅所有的矮黑人，才能過安全的日子，至於以後稻米能不能豐收，也就顧不了了。

有一次在賽夏族與矮黑人二族的「聯合大祭典」中，賽夏族人照例邀請矮黑人全族參加，矮黑人不疑有他，全族出動參加，賽夏族人決定計謀要殺害矮人族。

矮黑人興高采烈，喝酒喝得酩酊大醉，當他們要回去，橫渡木橋過大溪流的時候，賽夏族人一舉斬斷獨木橋，橋上的矮黑人掉入深淵溪谷摔死，賽夏族人又把已經上岸的一部分矮黑人斬殺，但是仍有一兩個矮黑人，逃向河流的東方。

逃走的矮黑人，站在河流對岸，大聲向賽夏族人詛咒，下咒語賽夏族人的農田「永遠蟲鼠為害，粟穀永不結實，大飢荒並全族被外族屠殺死光！麻雀侵害作物，

毒蛇野獸咬噬等」。詛咒完，從此就逃逸無蹤了，至今
再也看不到矮黑人蹤跡。

本則傳說故事敘述要點如下：

一、小矮人的形象：

    1. 小矮人身高僅三尺，約一公尺。

    2. 小矮人皮膚黝黑，捲髮。

二、小矮人居住之地是「上坪溪上游右岸的「麥拉阿拉」
　　mailaara山的山腰洞穴中」。

三、小矮人的能力「他們懂得一種奇妙的祭儀，所以能使收
　　成豐足」。

四、小矮人教導賽夏族人各種生活技能。

五、賽夏族人與小矮人交往密切，「賽夏族人常請他們來參
　　加秋收的豐年祭典，祈求豐收，共同歡愉」。

六、小矮人性好女色，調戲強暴賽夏族婦女，而且變本加
　　厲，賽夏族人終於不能忍受。

七、賽夏族人全族同仇敵愾，決議徹底的消滅所有的矮黑
　　人，才能過安全的日子。

八、賽夏族人決定在賽夏族與矮黑人二族的「聯合大祭典」
　　中，計謀要殺害矮人族。

九、賽夏族與小矮人二族的「聯合大祭典」中，矮黑人喝得
　　酩酊大醉，當要橫渡獨木橋回去的時候，賽夏族人一舉
　　斬斷獨木橋，致使小矮人落入深淵溪谷中摔死。

十、賽夏族人又把已經上岸的一部分矮黑人斬殺。

十一、賽夏族人屠殺小矮人，「仍有一兩個矮黑人，逃向河
　　　流的東方」。

十二、僅存的小矮人，站在河流對岸，對賽夏族人詛咒農田
　　　「永遠蟲鼠為害，粟穀永不結實，大飢荒並全族被外族

屠殺死光！麻雀侵害作物，毒蛇野獸咬噬等」。

十三、小矮人詛咒完了，就逃逸無蹤，從此再也沒有矮黑人的蹤跡。

從許多賽夏族古老的傳說裡，我們知道賽夏族人原來是居住在平地沿海一帶的，後來因為受到強大異族的壓力（如平埔族、漢族等），因此退居至新竹、苗栗交界鵝公髻山麓現址。

初時，想必不適應山區天候及耕種方式，所幸巧遇到原居此地山崖洞窟的矮人族達愛taai，傳授農耕技術，改善收成之後，生活終能安定下來。

從本則傳說故事，我們可以看到，在古代，賽夏族人曾經與另一支先期住在台灣的「達愛」taai人（小矮人）相處過一段時日，原來兩族之間的關係非常融洽，情同手足，例如小矮人傳授賽夏族人耕種及有關之禮儀；賽夏族人慶豐收與邀約矮人的融洽意像，可以想像當時賽夏族人與小矮人歌舞的熱烈場面。

不過由於矮人敗德，調戲賽夏族人妻女，導致彼此有了嫌隙，賽夏族人終於採取全族性的報復，訂定了非常精密的周詳計劃，冷酷性的、具毀滅性的滅種大報復。賽夏人斬斷獨木橋，一舉溺死矮黑人。

惟未受難的一兩個矮黑人，留下了詛咒，這個詛咒也就是日後賽夏族人舉行巴斯達隘矮靈祭的理論根據，賽夏族人害怕矮人的詛咒，於是產生了巴斯達隘矮靈祭的儀典，我們也可說，由於矮人的詛咒，支持了賽夏族人巴斯達隘矮靈祭的儀典。

賽夏族人在農耕及文化上，受到小矮人的指導，心懷感激，另一方面看到小矮人在部落內胡作非為，痛恨至極，遂使得族人對達愛抱持一種恩怨雙重的心結。最後全族報復，斷橋一舉殲滅矮黑人達愛。

賽夏族人滅絕小矮人，手段非常狠毒，也許他們不應該屠殺

小矮人全族，以致讓他們全族滅亡，消失在這個地球上；他們或許可以採取報復性或懲戒之即可，大可不必全族性的大毀滅。

雖然如此，但是我們也可以體會當時賽夏族人的心情，在恩怨情仇的雙重壓力之下，以賽夏族的武力根本敵不過善於巫術的小矮人，但是自己又常常吃悶虧，又沒有力量改變環境惡劣的既成事實。

賽夏族人幾經心理百般痛苦的煎熬之後，終於毅然決然的運用計謀，全族性的報復，致使小矮人絕跡於宇宙世界的長河裡。

在弱肉強食的古代社會裡，不知道有多少種族就像小矮人種族一樣被滅絕的命運，我們對於小矮人的消失於台灣地區，感到非常的遺憾，也報以無限的同情。我們更希望台灣現存的各個族群都能夠和平相處，彼此攜手共榮。

我們非常擔心現在僅存二百八十三人居住於日月潭的邵族，有一天可能繼小矮人而滅絕，這真是台灣民主地區最大的諷刺，到目前政府還沒有一套保育邵族的方針，「人」都沒有先好好保育保種，卻大肆保育動物，真是本末倒置，令人可笑。「人」與「動物」，在兩相權衡下，「人」與「動物」到底哪一個應該列為首要？許多保育人士擔心某些「動物」會滅種，但是卻不擔心「邵族」滅種的超世界級的嚴重問題！

有些傳說謂：

在矮黑人逃往東方日出之地，矮黑人邊詛咒邊撕破山棕櫚樹的葉子，說撕破這一葉，是山豬來吃掉你們農作物的標誌；撕破另一葉，又說是麻雀要吃掉你們農作物的標誌；再撕破另一葉，說是害蟲損害你們農作物的標誌，百步蛇會咬死你們。

這個咒語是很嚴重的，賽夏族人怕矮黑人的咒語生效而危害賽夏人的正常生活，於是就透過舉行儀式，以

祈求矮靈原諒與寬容，不要讓咒語生效。

　　所以賽夏族人舉行巴斯達隘矮靈祭典，實際上也是祈求矮人收回成命勿加害賽夏人的一種贖罪性的祭典儀式。

　　在很久以前，賽夏族人智慧未開，耕獵技術非常拙劣原始的時代，從玉山深處，越嶺過來一群矮人，身高只三尺。矮人雖矮，但才智卻超人一等，且善古老神秘的巫術，矮人來後，即教導賽夏族人耕獵、織布、造屋和歌舞等技巧。

本則傳說故事情節要點如下：

一、當賽夏族人滅絕矮黑人的時候，有一部分人仍然逃往東
　　方日出之地。

二、矮黑人被賽夏族人殘忍大屠殺，矮黑人氣憤之情亦可
　　知，因此許下狠毒的詛咒亦要讓賽夏族人全族滅亡。

三、矮黑人詛咒的法器是山棕櫚樹的葉子。

四、矮黑人詛咒賽夏族人三件事情：

　　1. 撕破這一葉，是山豬來吃掉你們農作物的標誌。

　　2. 撕破另一葉，是麻雀要吃掉你們農作物的標誌。

　　3. 再撕破另一葉，是害蟲損害你們農作物的標誌，百步
　　　蛇會咬死你們。

五、賽夏族人很害怕矮黑人的咒語生效，因此「就透過舉行
　　儀式，以祈求矮靈原諒與寬容，不要讓咒語生效」。

六、賽夏族舉行巴斯達隘矮靈祭典，實際上也是祈求矮人收
　　回成命勿加害賽夏人的一種贖罪性的祭典儀式。

　　本則傳說故事說明了矮人的來源是來自「玉山深處」，矮人越嶺來到了賽夏族人的居住地。當時賽夏族的智識未開，耕獵技術非常拙劣原始的時代，矮人即已經有了很卓絕的才智能力。

從故事中可以看得出，矮人是無私的、心胸寬大的、是樂於助人的台灣先住民族，矮人族非常願意並且也很主動地將自己的文化傳授給賽夏人，他們教授賽夏人耕獵、織布、造屋和歌舞等技巧。

如今台灣的先前住民矮人族，雖然現在已經消失於台灣的歷史舞台上，但是他們的文化已經播種在賽夏族人的身上。

在很久很久以前，在賽夏族的村落裡，有很多稱爲「達愛」的男神和「多哇依」的女神，這些神是身高三尺的矮人，而且只能看見朦朧的影子。

這些矮人神他們住在五峰鄉茅圃對面的岩壁裡，他們擅長於射箭和農耕之事，也有未卜先知的本領。

矮人神與當時的賽夏族人，彼此往來非常密切，矮人神指導賽夏族人種植陸稻、打獵等農漁獵的生活技巧。

因此，賽夏族爲了報答矮人的恩情，每年收割的時候，要迎祭諸神，這就是最初矮人祭的由來。

但是這些神雖然指導賽夏族人農事及漁獵技術，對於賽夏族有很大的幫助與恩情，唯這些矮人神非常喜好女色，經常調戲賽夏族人的婦女，使賽夏族人對矮人神，既敬愛又怨恨，賽夏族人想報仇，又恐被矮人神預知而被絞殺，因而爲了怕神威而無可奈何忍受著。

有一天，有一位賽夏族的女孩，上山撿用以煮飯菜的木柴，被矮人神污辱，女孩的胞兄當場撞見。

依賽夏族的民間俗信，哥哥看到妹妹被污辱是莫大的恥辱，賽夏族人認爲遇到這種事情，家中必有人會病死，或遭到意外的災難。但是哥哥只有忍著回家，心理一直想著如何報復矮人神。

　　有一天，哥哥無意間發現矮人神也會被水淹死，哥哥非常興奮，心想報復矮人神的機會來了，就開始謀劃報復行動。

　　哥哥觀察著矮人神住的岩石壁屋，要往來村莊間的河溪上，有一座枇杷圓木橋，夏天月亮高掛的晚上，這些矮人神們，喜歡在這座橋上納涼高歌。

　　哥哥獨自報復矮人神的力量是微不足道的，他乃利用詭計，趁諸矮人神在橋上欣賞月亮高歌之際，弄掉木橋，使諸矮人神大部分淹死。

　　倖存殘餘的矮人神，要求賽夏族人的頭目，交出人犯，否則就要採取報復行動，消滅全體賽夏族人。

　　那位青年乃挺身而出，供出其妹妹被調戲污辱而報復的始末。矮人自知理虧，放棄所住的岩屋，搬到東方的濁水河去，臨行交代賽夏族人，要自立自強，不可做壞事，不然將降禍於賽夏族人。

本傳說故事情節要點如下：

一、本傳說故事謂小矮人是「神」，男神稱爲「達愛」，女神稱爲「多哇依」。

二、矮人神身高只有三尺，人沒有辦法正式看到祂的形體，「只能看見朦朧的影子」，因此非常神秘。

三、矮人神住在新竹縣五峰鄉茅圃對面的岩壁裡。

四、矮人神有未卜先知的本領。

五、矮人神擅長於打獵射箭、漁獵和農耕種植陸稻的生活技巧，並以之指導賽夏族人。

六、賽夏族人爲了報答矮人神指導生活技巧恩情，在每年收割的時候，會迎祭諸神，此即最初矮人祭的由來。

七、矮人神生性喜好女色，調戲婦女，賽夏族人對祂愛恨交

集，連思報仇都不敢，因為矮人神有預知的神能，若被
知道了，可能有被絞殺的命運。可知矮人神具有控制與
懲罰賽夏族人的惡行。

八、終於，有一天，有一位女孩上山撿柴，被矮人神污辱，
女孩的胞兄當場撞見。

九、哥哥看到妹妹被污辱是一種奇恥大辱，心思如何報復矮
人神。

十、君子報仇，三年不晚，哥哥發現了矮人神的大秘密，那
就是矮人神也會被水淹死。他心裡非常興奮，開始謀劃
報復行動。

十一、哥哥開始觀察矮人神住居的地形地物，夏天月夜矮人
神喜歡在一座枇杷圓木橋上納涼高歌。

十二、當矮人神在枇杷圓木橋上納涼高歌的當兒，哥哥就悄
悄地弄掉木橋，使諸矮人神大部分淹死。

十三、被哥哥消滅殘餘的矮人神，要賽夏族人的頭目，交出
斷樹橋的人，否則即報復，消滅賽夏族人。

十四、哥哥不畏懼，大義凜然妹妹被調戲污辱而報復的始
末。

十五、矮人自知理虧，遷移至東方的濁水河去。

我們從賽夏族巴斯達隘矮靈祭典成為賽夏族人全族參與的性
質來看，頗似其他台灣原住民豐年祭的意味，但是賽夏族巴斯達
隘矮靈祭典有一個悽慘哀怨的故事傳說，而形成賽夏族人的信仰
中心。

本則傳說故事，矮人，在賽夏族人的心目中，是「神」，因
為矮人擁有許多神能，本則傳說將矮人的形象神化，矮人神以朦
朧的形象存在，賽夏族人只能看到矮人神朦朧的影子。

這一則內容很豐富的矮人傳說，令人非常感動，這是一則

「人」與「神」的恩怨情仇的爭鬥故事，最後人戰勝了神。

　　巴斯達隘矮靈祭的形成，緣於富有正義感、倫理觀念深厚的賽夏族青年，不能夠忍受妹妹被矮人污辱，這強調著賽夏族人的倫理與秩序不容毀壞，這位青年淹死了矮人，報了一箭奇恥大辱。

　　從故事裡我們可以看出，消滅矮人神的青年人是一位負責、敢擔當的男子漢，不畏懼可能會遭遇不測的命運低頭，當矮人神興師問罪，他挺身扛起責任，護衛全體賽夏族人免於被矮人神滅族的厄運，矮人神最後也自知理虧，就遷移他處去了。

　　有關賽夏族人消滅矮黑人的傳說，大部分都是用計，讓矮黑人「自滅」方法下手，如利用天然木橋或天然樹木加以暗中破壞（砍鋸），不留痕跡，讓矮黑人墜落山谷或墜溪自滅。很少聽到正面纏鬥，最後消滅了矮黑人的傳說。因為小矮人傳說臂力強大，又會施展法術，因此在賽夏族人的傳說裡，似乎沒有發展兩族正面戰鬥的情節，都是賽夏族人運用計謀，獲得了最後的成功。

　　據瓦上霜〈賽夏族的矮人祭〉載：⑤

　　　據賽夏族碩果僅存的長老趙旺章傳述：約在五百年前，本鄉（五峰鄉）大隘村茅圃部落對面的山谷中，住著一些身高三尺，全身黝黑的矮人，其知識程度甚高，能通天術，行動迅速，神出鬼沒，和當時居住在大隘一帶的賽夏族人和睦相處，賽夏族人得到矮人的護佑，始得免除了疾病、毒蛇、猛獸的侵害，年年農作物豐收，過著豐衣足食，安居樂業的生活。

　　　賽夏族人為感激矮人的恩德，即在每年收成後，準備了豐盛的酒菜，來招待矮人，以示酬謝護佑之意，當酒席備妥之後，由一青年族人，將箭射向對岸的矮人住處，通知矮人們前來共同歡度豐年。

　　某年慶宴中，正值大家興致勃勃酒食方酣之時，有一賽夏族青年外出，撞見其胞妹正被矮人強暴，氣憤不已，但因畏於矮人們的神威，不敢正面報復，而忍在心頭，誓要消滅矮人。

　　在一個仲夏的夜晚，該青年獨自一人，趁著黑夜摸到矮人與賽夏族住處必經的獨木橋，將該橋由下而上鋸斷一段。次日，當矮人們群集在橋上乘涼時，該橋突然折斷，橋上所有的矮人，均喪身在深谷中，其中留在石穴中的兩位矮人長老，男的叫「大隘」，女的叫「多外」，則大興問罪之師，並聲言將採取報復行動，消滅全體賽夏族人。

　　此時兇手聞之，為保全全族的生命安全，乃挺身出面自首，道出鋸橋報復的因果，此時，兩位矮人長老，始悉其緣由，怒火稍息，轉告賽夏族的頭目說：「他們將順流而上，到日出的東方去居住了，因為賽夏族人有人開了殺戒，上天將降災禍於賽夏族人，今後賽夏族人必須自力更生，自強不息，始能生存，教以嗣後祭祀的儀式及歌詞等，並稱每二年回來故居地一次。」

　　言罷，該二矮人長老即不見蹤影，自此之後，賽夏族人為贖前罪，並祭慰死亡之矮人，遂遵奉矮人長老的遺言，隔年舉行矮人祭一次，以求矮人消災降福，保佑平安。

本傳說故事敘述古代賽夏族人與小矮人通風報信的方法是「由一青年族人，將箭射向對岸的矮人住處，通知矮人們前來共同歡度豐年」。

本則傳說與上則故事相似，都是賽夏族人有一位少女被矮人非禮，被其兄撞見，憤怒之下，而萌殺機。時機一到，把矮人的

獨木橋暗中鋸斷，矮人全部被殲滅，最後只剩下叫做「達愛」（男）和「多外」（女）的矮人存活了下來。

賽夏族的矮人故事裡，都說矮人善於巫術，唯不明的是為什麼沒有遇害的矮人，故事裡都沒有報復賽夏族人，卻反而殷切叮嚀告誡，並且還教授賽夏人一套祭歌與儀典，還要舉行慰靈祭典，這又成了賽夏人與矮人之間的新盟約。

本傳說故事被消滅僅存的「達愛」（男）和「多外」（女）的矮人長老，「並稱每二年回來故居地一次」，即是前來觀察賽夏族人有沒有如約舉行慰矮靈祭典，自此，賽夏族人遂遵奉矮人長老的遺言，隔年舉行矮人祭一次，以求矮人消災降福，保佑平安。

相傳：在五峰鄉平石部落對面（上坪溪左岸）山崖峭壁洞窟中，住著不及三尺的「達愛族」，身材雖然矮小，卻力大無比，擅長巫術及農耕技術，他們為賽夏族人卜筮治病，並教授賽夏族人種植、織布、編織等。

賽夏族人每年秋收後，戶戶釀酒，做米糕，宴謝矮人。賽夏人派勇壯的青年，到茅圃部落用弓箭射向對岸矮人族住居的洞穴，意味邀請，射畢，必須快速奔回部落，否則被矮人趕上逮住，命根子會被矮人捏傷。

由於矮人的庇護與教導，賽夏族人年年豐收，矮人成了農神和大恩人。惟矮人好色，常施巫術污辱賽夏族婦女，早為族人痛恨至極，惟忍氣吞聲，未予正面報復。

某年豐收宴謝矮人，有一名青年巧遇胞妹被矮人調戲，非常氣憤，就趁黑潛入矮人洞窟附近，將矮人平常喜歡攀爬集體乘涼的一顆粗大枇杷樹基部砍掉一半，並塗抹泥土加以掩飾。

　　醉醺醺赴宴歸來的矮人，跟往常一樣爬到樹上乘涼，他們邊歌邊搖晃，突然樹幹折斷，掉入深淵底，全數而亡。頭前溪上游及下游的溪魚，也都全部翻白死亡。

　　矮人只有留在洞窟的一對老人倖免於難，既憤怒又悲痛，雖然去了賽夏人部落興師問罪，但也自認罪孽報應，矮人告訴賽夏人要遠離此地到太陽升出的地方，又囑賽夏人此後要每兩年舉行一次矮靈祭pastaai，弔祭矮人亡魂，一則藉以贖罪，一則藉以祈求平安豐收。

　　本則傳說故事敘述賽夏族人每年秋收後，便會宴謝矮人，他們會派青年通知矮人前來宴飲，通知的方法是「到茅圃部落用弓箭射向對岸矮人族住居的洞穴，意味邀請」，但是，這位青年「射畢，必須快速奔回部落，否則被矮人趕上逮住，命根子會被矮人捏傷」，可見小矮人喜歡惡作劇。

　　有一次秋收後，賽夏族人又宴謝矮人，有一名青年撞見妹妹被矮人調戲，他氣憤不平，黑夜就潛入矮人住居洞窟附近，把矮人集體攀爬乘涼的一顆粗大枇杷樹基部砍掉一半，並塗抹泥土加以掩飾。當酒醉的矮人歸來，就爬樹乘涼，很快樂的邊歌邊搖晃，樹幹突然折斷，掉落深谷，全數死亡。哥哥成功的報了一箭之仇。矮人只剩下留在洞窟的一對老人倖免於難，最後他們兩位遠離此地到太陽升出的地方，臨走前囑咐賽夏族人，每兩年要舉行一次矮靈祭pastaai，以弔祭矮人的亡魂，一則藉以贖罪，一則藉以祈求平安豐收。

　　本則故事與其他故事不同的地方是，大部分的故事都說斷橋淹死矮黑人，這則故事則是斷矮黑人乘涼的枇杷樹使矮人掉入深淵。

　　因為賽夏族有很多生活技能、宗教祭儀，都是來自矮黑人的傳授，賽夏族人雖然把矮黑人全族消滅，以後婦女再也不會受到

矮黑人的騷擾，但是賽夏族人的心中，仍不免有些歉意，所以在每年收成時，遵照矮人囑咐舉行巴斯達隘矮靈祭，以弔慰矮黑人的亡靈，並且在豐年祭儀式中加入矮黑人的祭儀，以誌不忘，並且也藉以祈求平安豐收。

按巴斯達隘矮靈祭原來為秋收的豐年祭，後來把矮人滅族之後，豐年祭加入了祭祀矮靈的儀典，久之，卻變成了以矮靈為中心的祭典了，而慶豐收的本旨逐漸被淡忘。

相傳在四百多年前，有一族身高不滿一公尺的矮人族：達愛族，在一個豐收之夜，達愛族調戲賽夏婦女，被其夫發現，於是趁月黑風高之夜，磨刀把達愛族人歌舞後必經的枇杷橋砍斷一半，達愛人不察，全族因而墜死河谷。

此後，賽夏族人年年歉收，災害頻繁，他們認為是全族被殺害的達愛人的冤魂在作祟，為了消災降福，因此，每年在秋收後，農曆十月十五日起，連續舉行三個夜晚的巴斯達隘矮靈祭。

賽夏族人舉行巴斯達隘矮靈祭，是為了感恩矮人過去對族人的護佑及日常生活與農業方面的指導，因此，為他們舉行祭典。

賽夏族人巴斯達隘矮靈祭起源於一段少數民族（賽夏族與矮人族）的恩怨，淒美的神話傳說，是真？是假？依然源遠流長的綿延至今，賽夏族人也至今信奉不渝，定期舉行盛大祭典。

本則故事是一位被矮人調戲的賽夏婦女的丈夫，於豐收之夜報復殲滅矮人的故事，故事中矮人似乎全數被消滅，沒有一個存活。

這則傳說強調賽夏族人將矮人滅亡後，曾幾何時，稻米不再年年豐收，賽夏人認為是矮人靈魂作祟，且災害頻繁，於是舉行

祭典以感念矮人曾給予賽夏人的恩惠，舉行這個祭典後，或許又可以年年豐收了，不然為何賽夏族人自古及今，舉行矮靈祭不輟。

賽夏族人為感念幫助他們豐收的矮人，舉行祭典以示紀念，同時也有請矮靈原諒並消災降福之意。

相傳於數百年前，在今日新竹縣五峰鄉附近的岩洞中，住著一群黑皮膚紅卷髮的矮人，他們的力氣很大，不但精通打獵，而且善於巫術，每每躲在草叢及樹上。

賽夏族人的住居因為與矮人族相鄰近，又因為矮人族善於歌舞、農業與巫術，所以兩族彼此長相來往，矮人們教導賽夏族人種稻。

每當在賽夏人種植的稻米快要成熟的時候，矮人族就會施展巫術，讓賽夏族人豐收。因此，每年賽夏族的秋收豐年祭，必定會邀請矮人族前來同樂。

但是，喜好美色的矮人族，經常依恃著擁有神能，而調戲賽夏族婦女。賽夏族人因為接受了矮人的恩德，又懼怕矮人的巫術，所以一直忍氣吞聲。

有一年的豐年祭中，矮人姦淫了一位賽夏女子，她的未婚夫非常憤怒，就決心除去矮人。

他知道祭典結束後，矮人會到溪中沐浴，然後到山枇杷樹上休息，他就偷偷地把山枇杷樹的枝幹砍去一半，並且用泥土覆蓋掩飾，矮人們都不察之，他們爬上樹之後，樹枝突然折斷，矮人族全部掉入溪谷深淵之中。

只有爬到樹幹的兩位長老倖存，這兩位將祭儀歌舞傳授給姓朱的賽夏人，然後悲傷的往日出的東方之河而去，而巴斯達隘矮靈祭，以後也一直都是由姓朱的族人主祭。

　　本傳說故事謂小矮人的神能「每當在賽夏人種植的稻米快要成熟的時候，矮人族就會施展巫術，讓賽夏族人豐收」。所以，賽夏族人每年舉行秋收豐年祭的時候，都會設宴邀請矮人族前來暢飲一同歡樂。

　　賽夏族人巴斯達隘矮靈祭是為了安慰矮人族亡魂而舉行的祭儀。本則故事，殲滅矮人的是被矮人姦淫的賽夏女子的未婚夫。「有一年的豐年祭中，矮人姦淫了一位賽夏女子，她的未婚夫非常憤怒，就決心除去矮人」。

　　被矮人姦淫的賽夏女子的未婚夫把矮人爬上乘涼的枇杷樹枝幹砍去一半，並且用泥土覆蓋掩飾，等到矮人們都爬上樹乘涼，突然樹枝折斷，全數掉入深谷而死。

　　已經爬上樹乘涼的矮人全數受難，唯只爬到樹幹尚未爬至樹上的兩位長老倖存。這兩位長老傳授祭儀歌舞給朱姓，就往日出的東方之河而去了。此後賽夏族巴斯達隘矮靈祭都由朱姓來擔任總主祭，大概就是緣於這則傳說故事。

　　巴斯達隘矮靈祭典是賽夏族人全族性的活動，賽夏族的權威逐漸由個人轉向特定的世系群，並在宗教信仰基礎上，結合地緣關係，出現初步的世襲現象。

　　宮本延人之採錄：

　　　　賽夏族的傳說中出現的一種前住民，他們是一群住在洞穴中的小矮人，很會使用巫術來作弄賽夏族人，但賽夏族人的祖先，利用謀略引誘小矮人到斷崖邊，再推他們落入山崖，剩下的小矮人，也全都逃走了。

　　這則故事賽夏人「利用謀略引誘小矮人到斷崖邊，再推他們落入山崖」。與其他故事的殲滅方法不同。

　　陳千武譯述《台灣原住民的母語傳說》載：⑥

　　　　古早，在岩窟裡能聽到唱歌的聲音，大家說：「那

個地方必定有甚麼東西，去看看！」大家跑過去，就看到矮小的人。

那是矮人，他說：「我叫達矮，我的妻子叫特矮。我們能夠見面很好。我們來唱巴達矮祭典的歌吧。」因此我們豆姓和朱姓的人，都接受達矮指導祭典的禮節。可是我們豆姓的人接受指導，也學不會。朱姓的人接受指導，很快就學會了。於是巴達矮祭典，就讓朱姓的人做司祭。

依據達矮説：「你們要舉行巴達矮祭典，要在粟子收穫時做刈始祭典，粟子才會豐收。祭典以結繩約束。第六天始祭，始祭前天，必須要請我們來，用無鏃箭射向我們做信號，有了信號我們就會來。你們的家必須前一天就準備好，舉行典禮，你們都要唱歌，一天唱招待的歌，一天做真正祭典，一天做假送別神，一天做真送別神。」

我們和達矮非常和睦，而做了幾次巴達矮的祭典。但是有一次達矮他們的人做了很不禮貌的事。那是我們在唱的時候，看到達矮的人接近女人調戲了。賽夏人非常生氣。便到山枇杷的枝椏從雙方接觸造成橋的地方去打傷他們。

那是達矮常去納涼的地方，很多達矮人來到這兒納涼抓虱子。當時有人聽到劈哳的聲音，便問：「那是甚麼聲音？」大嫂説：「沒甚麼，只是膝頭發出聲音而已。」然而卻是橋斷了，大家都墜落河裡淹死了。只留下達矮和特矮兩個人。

達矮留言給賽夏特説：「我們要到東方濁水地方去。今後要做巴達矮祭典，就隔年舉行一次好了，我們

將來不會把自己讓你們看到。假如你們做了壞事，我們
會抓你們來打，打死或暫時氣絕，此時朱姓的人唸咒插
上芒茅草，就會復活。……」
本傳說故事敘述巴斯達隘祭典的傳授情形：

一、豆姓和朱姓的人都曾接受小矮人指導祭典的禮儀，可是
　　只有朱姓的人學會，因此後來巴達矮祭典，就讓朱姓的
　　人做祭司。

二、巴斯達隘祭典之舉行「要在粟子收穫時做刈始祭典，粟
　　子才會豐收。祭典以結繩約束。第六天始祭，始祭前
　　天，必須要請我們來，用無鏃箭射向我們做信號，有了
　　信號我們就會來。你們的家必須前一天就準備好，舉行
　　典禮，你們都要唱歌，一天唱招待的歌，一天做真正祭
　　典，一天做假送別神，一天做真送別神」。

三、小矮人因為調戲賽夏族婦女，賽夏族人斷橋淹死了小矮
　　人，只留下達矮和特矮兩個人。最後兩個人到東方濁水
　　地方去。

四、達矮和特矮兩個人臨走前交代：

　　1. 今後要做巴達矮祭典，就隔年舉行一次好了，我們將
　　　來不會把自己讓你們看到。

　　2. 假如你們做了壞事，我們會抓你們來打，打到死或暫
　　　時氣絕。此時朱姓的人唸咒插上芒茅草，就會復活。

　　據賽夏族人的說法，矮黑人曾經居住過的洞穴依然存在，該
洞穴遺址在山上，附近有很多百步蛇盤據，又傳說有魔咒，賽夏
族人都不敢接近，祭拜矮靈時只能在對岸的山頭朝它膜拜，不能
靠近。

　　五峰鄉賽夏族文化藝術協會曾組成十九人探勘隊尋訪賽夏族
傳說中矮靈居住的洞穴，歷經千辛萬苦，終於尋獲。

矮靈洞穴是在五峰鄉竹林村上坪溪上游竹林地段，相當偏僻人跡罕至的懸崖峭壁內。該探勘隊自下方山谷中，攀登八十公尺高，尋獲矮靈洞穴，洞口二點五公尺寬，洞穴內有兩層樓高，長度三十公尺，是由岩洞所組成，洞內陰暗潮濕，山壁不斷有水滴下有如下雨，而石壁中有二層岩石組成的石板，洞穴內也有鐘乳石。

廖景淵〈北埔紀事·五指山傳奇之二〉載：⑦

在北賽夏部落裡，曾經發生過很嚴重瘟疫及乾旱等農作物乾枯斷糧飢餓情況的大災難，原因是現在的賽夏族「矮靈祭」典故。

於康熙年間離今三百餘年前，有三位身高約一公尺的矮黑人青年進入茅埔部落的對岸「鬼澤山」居住，有一天賽夏族的兩位朱姓青年外出打獵時，發現對岸石洞裡，有人在作樂，呼叫對方回音，矮黑人請他們進入石洞同樂，雙方互相溝通後，見知矮黑人的智識不淺，回家後報知長老此事，後來邀請矮黑人到部落指導播種等技術，果然年年豐收滿載。

但矮黑人經常要求部落女子到他們的住處陪過夜，後來用不法手段輪姦已婚婦女行為取樂，部落族人受到嚴重傷害，最後無法忍耐之下，族人商量決定除去矮黑人，但矮黑人對族人恩重如山，無法下手，後來決定利用他們通行要道的天然木橋處自滅方法下手。

有一天，矮黑人外出時，請他們到部落作樂，喝酒至昏醉不清時，長老派兩位青年前往他們居住的石洞通行要道的山枇杷樹頭部真是藤棚內、不容易發現處動手，枇杷樹頭砍至不能加乘人體重量程度，等他們回家時，經過此樹橋時，連人墜落深谷中的溪流自滅，果然他們受到暗算墜落溪中。

之後，部落百災降來，眼見滅族關頭，時常見矮黑人出沒在東方，後來族人了解矮黑人的報復，才舉行矮靈祭典和他的靈魂和解儀式，才化解大難。

本傳說故事情節要點：

一、北賽夏族部落發生嚴重瘟疫及乾旱斷糧飢餓大災難，適時「有三位身高約一公尺的矮黑人青年進入茅埔部落的對岸「鬼澤山」居住」。

二、有兩位朱姓青年外出打獵，發現矮黑人，雙方初次互相溝通。

三、兩位朱姓青年向長老報告矮黑人的智識不淺，便邀請矮黑人到部落裡來指導賽夏族人農耕播種等技術，果然年年豐收。

四、矮黑人好色輪姦婦女，賽夏族人決定斷橋讓他們落水自滅。

五、賽夏族人滅亡矮黑人後，部落百災降來。

六、賽夏族人時常見矮黑人出沒在東方，後來族人才了解，部落百災降來，原來是矮黑人的報復。

七、賽夏族人開始舉行矮靈祭典和他的靈魂和解儀式，才化解大難。

本則傳說故事為賽夏族人設計斷橋讓矮人自滅墜落溪中。本則故事強調賽夏族人後來舉行巴斯達隘矮靈祭典是與矮人靈魂和解的儀式，部落的百災才得以化解。

依據苗栗縣政府《苗栗文獻》資料記載：⑧

「矮靈」是以前與賽夏族人住在一起的「泰愛族」，即矮人，由於矮人長於巫術，且隱身自如，又擅長歌舞，所以每年稻粟成熟時，賽夏族人收穫三分之一後，即依例請矮人來歌舞和共同祭祀，以卜豐收。

　　矮人雖身高不過三尺，但臂力極強且好色，在歌舞之餘，用巫術調戲賽夏族的婦女，令賽夏族人十分痛恨，無奈卻找不到矮人調戲婦女的證據，無法處理，但往往在祭祀過後，發現族中有許多少女懷孕了，如此一來，賽夏族人無法再忍受了，就共同研商計策要害矮人。

　　由於矮人們每次參加完祭典後，都會爬到一棵位於賽夏族人與矮人族人之間的崖岸上的枇杷樹上休息，所以，賽夏族人在祭典前，就先把枇杷樹的根部砍了一大半，然後塗上泥巴加以掩飾，等到矮人們歌舞後，一個個攀上大樹休息時，全部都因枇杷樹倒下，而墜入深淵而死，只剩下二人倖免於難。

　　二位矮人雖知道是賽夏族人害了他們的族人，非常氣憤，但因人單勢薄，也就無可奈何，只好往東方逃去，臨走時，將祭祀的歌曲教給賽夏族朱姓族人，這也就是為何每次的矮靈祭要由朱姓人士擔任總主祭的原因。其他絲、風、豆、高、章姓擔任小主祭。

　　賽夏族人把矮人害死之後，心中感到不安，所以在每年豐年祭中，也舉行矮靈祭來慰藉矮靈，久而久之豐年祭被矮靈祭所取代，再也沒人說豐年祭了。

　　至於為何每二年舉行一次，則因過去有連續幾年農作物歉收，賽夏族人不得不把祭典改為二年一次舉行一次，而流傳至今。

　這則記載，可以看出賽夏族人對於矮人族的依賴，每年稻穀登場時，必定請矮人來點檢稻米結實的狀態，以卜豐年，矮人身軀雖短小，卻很有力量，且長於巫術，經常調戲賽夏婦女，賽夏族人實在是忍無可忍，於是合力用計把矮人殲滅於深淵之中。

　　賽夏族人加害小矮人，只剩下二位矮人沒死，他們往東方逃去，「臨走時，將祭祀的歌曲教給賽夏族朱姓族人，這也就是為何每次的矮靈祭要由朱姓人士擔任總主祭的原因。其他絲、風、豆、高、章姓擔任小主祭」。

　　原來古代賽夏族人，每年要舉行一次豐年祭，也舉行矮靈祭來慰藉矮靈，以釋心中的不安，久而久之豐年祭就被矮靈祭所取代了。後來因為連續幾年農作物歉收，就改為兩年舉行一次祭典了，一直到現在都是二年舉行一次祭典。

　　原住民舞蹈家田春枝〈賽夏族矮靈祭的團圓舞〉：⑨

　　　　據說有一種大約身高才三尺的矮人（taai），住在上坪溪右岸mailaara山的山腰洞窟裡，他們常到賽夏族部落，教導賽夏人耕作農事，閒暇的時候，還教賽夏人唱歌、跳舞，又教豆姓家族祭典儀式方法。

　　　　然而遺憾的事，由於矮人天性喜好女色，常常騷擾賽夏婦女，甚至使用威脅或暴力行為，因此，賽夏人非常痛恨矮人。

　　　　有一天，賽夏人商議，共同殺害矮人，於是引誘矮人從洞中出來，經過一座獨木橋，要到對岸時，賽夏人偷偷的將橋兩端的繩索切斷了，致使矮人們紛紛墜落深谷而亡，但仍有兩個矮人倖免於難，他們直向東方逃去，一面跑一面回頭向賽夏族人詛咒：「以後你們的農田，永遠會有雀鳥和老鼠，危害你們的收穫，而且你們出草獵頭時，會被其他族人殺死。」

　　　　自此以後，賽夏人稻米，果然不再豐收，而且族人紛紛染上疾病，在五穀歉收，人丁不旺之下，於是賽夏人共同籌畫，每年舉行的豐年祭，減為每兩年舉行一次，同時增加送迎矮靈的儀節。以求得心靈的寧靜，又

> 每隔十年，要舉行一次大祭，而且在長竿上斜掛紅白兩
> 截的布條作為十年祭的標誌。

本則故事傳說謂最初之祭儀歌舞是矮人傳授給豆姓族人，按目前賽夏族人巴斯達隘矮靈祭典是由朱姓擔任總主祭，祭儀歌舞據說是矮黑人所傳授，唯本則故事謂矮人傳授給豆姓，而今卻由朱姓人主持，這期間之傳承或轉移，本則故事未加進一步之說明。

又本則故事誘殺小矮人的方式與其他故事不太一樣，許多故事謂斷橋自滅，本則故事則是「賽夏人偷偷的將橋兩端的繩索切斷了，致使矮人們紛紛墜落深谷而亡」。

賽夏族人消滅小矮人後，僅存的兩位矮人施以重咒，果然如詛咒，賽夏族人耕種的稻米被雀鳥、老鼠吃光，不再豐收，而且族人紛紛染上疾病。

賽夏族人因為農作不豐，所以每年舉行一次的豐年祭，變成每兩年舉行一次，一直延續至今。

而且在豐年祭裡，增加了送迎矮靈的儀節，以求得因為殺害有恩於賽夏人的小矮人，獲得心靈上一點點的寧靜與贖罪。又每隔十年，要舉行一次大祭，而且在長竿上斜掛紅白兩截的布條作為十年祭的標誌。

據人類學家認為，在過去，颱風、旱災、蝗蟲、稻粟米穀病害時常發生，賽夏族人在徹底消滅矮黑人之後，發生天災，又有疾病，社會流行各種瘟疫，各種疾病接踵而至，長老們認為可能是矮黑人心有不甘，認係矮靈的詛咒而起，鬼魂作怪所致。乃決心以贖罪的心情，崇拜其靈魂，舉辦祈求，停止作怪，惠賜平安，風調雨順，族人興旺的祭儀，於是有了巴斯達隘矮靈祭典，舉行數百年來，歷久不衰。

其實，巴斯達隘矮靈祭典的產生，是祈求矮黑人解除咒語帶來的災害，並停止作祟。

　　賽夏族人認為矮黑人教導族人耕種，矮黑人是米糧穀物的「原有者」，其農作物都源自矮黑人，如今矮黑人不在了，賽夏族人恐怕穀物也會因矮人被消滅而隨之而去，所以巴斯達隘矮靈祭，同時也是祈求矮黑人靈魂不因往日的恩怨而將族人的米糧收回奪走或毀壞。

　　宋龍飛〈台灣的小黑人〉，《藝術家》（1982.1）載：⑩

　　　　從前，有一青年打獵時，沿著溪入叢林，追趕一隻小鹿，後來追到了小山坡，卻發現小鹿不見了，只見一個小孩子蹲在那兒挖芋頭。

　　　　當青年欲上前詢問小孩是否有見到小鹿時，卻當場愣住了。原來那不滿三、四尺高的小孩，竟是個婦人，她有著紅色捲曲的頭髮，還背著一個尚在哺乳的嬰兒。她被青年手中的武器給嚇著了，故尖叫後，便很快地跑開了，之後，便消失無蹤。

　　本則傳說故事，雖然與賽夏族人巴斯達隘矮靈祭典的由來，沒有關聯，但是可能傳達了台灣早期或許確實存在著早期的「先住民」矮黑人，如今他們已經消失了。

　　有關矮黑人的傳說，最精彩的一則要算朱鳳生先生大著《賽夏人》探錄的〈矮人祭的由來〉傳說故事了：⑪

　　　　新竹、苗栗的賽夏族，把矮黑人叫做「巴斯達隘」。據本族長老傳述，約在三百多年前，新竹縣五峰鄉大隘村部落對面的山谷中，住著一些身高三尺，全身黝黑的矮人，其知識程度甚高，能通天法術，行動迅速，神出鬼沒。

　　　　賽族把男的矮黑人叫做「達愛」，把女的矮黑人叫做「多外愛」，把矮黑人的頭目叫做「可可」。傳說他們就像「可可」那般棕黑。

　　據賽族族民傳說：矮黑人行動敏捷，膚色暗黑，毛髮捲縮，擅長游泳，精通巫術，樂善好施。住在洞穴裡，唯一缺點是，該族性好漁色。

　　相傳，賽夏與矮人初次相遇是這樣的：朱家壯丁二名，到山上砍柴，聽到溪流對面洞穴裡，傳出幽悅的歌聲，兩人好奇的往前進。一看，原來洞穴裡，有數十位棕黑的矮人，邊唱邊跳。此時，相當機敏的矮人壯丁，已到他兩面前，用賽族的話說：「歡迎你們光臨寒洞，請進吧！」

　　兩位壯丁想回話，但嘴裡卻支支吾吾地跟著小矮人，過河進到洞穴，族民用歌舞歡迎他們，頭目「可可」也虔誠地用賽語與他兩交談，並希望兩族能相互交往。此後，由於矮人們，熱情款待及動作靈敏的服務，使得他們流連忘返，真的好高興。

　　最後他們還是背木柴回到部落，向賽族元老報告奇遇及願兩族做友誼等話。經元老們決定，願兩族能和平共存，守望相助。

　　不久，賽族元老及壯丁數人，在兩位前導下，到溪邊沙灘上喊「可可」，只喊一次，突然從草叢裡，竄出數名矮黑人。原來矮族具有如魔術般的幻影展現人形。他們用賽語齊聲說出：「大家辛苦了！」接著跟進洞穴。

　　住在洞穴的矮人層層包圍，咕嚕咕嚕不知講些什麼？從人群中有一元老唱出歡迎的歌聲，緊接著矮族們齊唱或間唱，其聲幽雅，響徹了兩旁崖壁，也掩蓋了溪水的潺潺聲。使圈內的賽族朋友，聽了不但不驚訝，且越聽越入耳。

　　矮人族元老們見賽族人很想學，就說：「你們想學

嗎？」大家不約而同說：「好」。於是當晚，大家通宵達旦，邊唱歌舞，邊享飲他們自釀米酒與飯菜。

唱到三更，兩族元老誓約：「和平共處，守望相助」等八字言辭。此後，賽、矮兩族頻頻往來，尤其，矮族展現著他們的才能：當賽族要收割穀物時，他們本著富有身幻的巫術動作，趁黑夜黃昏時刻及太陽未出的晨曦，集合矮族壯丁去收割。使得賽族於次日要收割時，只見穀物已堆齊在農倉裡了。賽族們個個驚訝並感激問起何人收割，矮人族絕不承認是他們收割，反而笑嘻嘻地協助賽族曬乾爲止。

有一天，賽族朱、豆（趙）兩家壯丁，趁農忙完後，到矮人洞穴裡作客。當大家豪飲歡唱時，矮人頭目「可可」，冒然說出不知兩位哪個會帶唱。我們先請豆家唱，唱到一半即無法續唱，另請朱家領唱，不但會帶且歌聲比矮族更美更宏亮，極受頭目的賞識。

於是可可頭目運用精通的巫術，附在朱家壯丁身上，把矮族的歌曲，全部傳授給他，使他也能領唱。說也奇怪，該壯丁回到部落，也不慌不忙的教導族人唱矮人歌曲。

有一天，當賽族人在飯後黃昏，大家在空地席地而坐的練唱時，突然，賽族女孩們，經常誤罵旁人說：「不要臉。」即憤憤離開場地，或男孩子陽具莫名其妙勃起，讓人有舒適或動邪念之感。

在被玩弄的頃刻間，站在對面有二位賽族人各看到一位如幻影般的矮人正在玩弄族人，而其他在場者，並未察覺。他們不約而同的說：「達愛、多外愛，你們在做什麼？」

　宴時，施暴行爲的矮人族展顯人形，也不知羞恥地跟著其他人哼著歌聲，想打發過去。不過，倫理觀念極爲強烈的賽族，認爲被人施暴玩弄，是一件恥辱，非報仇不可。

　但礙於元老們的勸告，只得忍耐，因爲搬運穀物，沒有他們協助無法運成，沒有他們幫助耕種，即無法豐收，沒有他們合力防禦泰族出草，就無心耕種，沒有他們帶領狩獵，即無法知道動物的行蹤。

　本族得到矮人的護佑，始得免除了疾病、毒蛇猛獸的侵害，年年農作物豐收，過著豐衣足食、安居樂業之生活。

　族人爲感激矮人的恩惠，在每年收成後，準備了豐盛的酒菜來招待矮人。當酒席備妥之後，由一趙姓青年，將以弓箭射向對岸的矮人住處，通知矮人們，前來共同歡度豐年。

　某年慶宴中，正值大家興致勃勃酒食方酣之時，有一賽夏族青年外出，撞見其胞妹正被矮人調戲，氣憤不已，因畏於矮人們的神威，不敢正面報復，而忍在心頭，但誓要消滅矮人。

　在一個仲夏的夜晚，該青年獨自一人趁黑夜摸到矮人與本族住處必經的獨木橋，將該橋由下而上，鋸斷一截。次日，當矮人們群集在橋上乘涼時，突然折斷，橋上所有的矮人們，喪生在深谷中，其他留在石穴中的兩位矮人長老，卻逃過此劫。

　他們即向東南逃走，邊折山棕邊詛咒：「老鼠和麻雀會來侵害作物，毒蛇猛獸會咬嚙你們。」並轉告本族的元老説：「本族向來對你們不薄吧！何以將我們趕盡

殺絕呢？打從農作物豐收且彼此守望相助，我們族人已
盡心盡力。現在唯存的我兩，你們如何善待，假如你們
想過去歡樂時光及和平共存，要我們倖活的老頭參加慶
典只能到二處，並且我們住處在東南方的高山，路途遙
遠，必須隔年才能相逢。」

　　當年，作物歉收，賽族深怕年年歉收，穀物也隨之
而去，所以各宗姓元老，共同商議：本族不希望年年天
災人禍，年年歉豐收。做出去的傻事，無法當面贖罪。
因此，昔日的歡樂慶典，改為追思祭拜，其目的：一、
追念矮人傳授技藝之恩。二、祈求矮人族的靈魂，勿奪
走我們的穀物。三、害怕矮人巫力無邊的報復。四、減
少內心的罪惡感。此後，賽族每二年舉行一次矮人祭，
十年一次大祭，祭場分二地：北群設在大隘，南群設在
向天湖。

　　賽夏族舉行祭典為兩年一次，一方面祭祀受難的矮
人亡魂，另一方面，祈求矮人神靈繼續保佑他們，農作
豐收，勿奪走穀物，並向矮人懺悔，以減少內心的罪惡
感。而本來歡樂的豐年祭，變成了矮靈的追思禮拜。

　　賽夏人以為年年歉豐收，是因為矮靈奪走穀物，從此，賽夏
族人為了要防止矮黑人的鬼魂回來搶走賽夏族人的米粟，於是代
代相傳舉行巴斯達隘矮靈祭，藉此向東方呼祭矮靈。

　　賽夏族人每兩年舉行一次巴斯達隘矮人祭，以祭拜「矮靈」
，以期消弭災害。賽夏族人認為唯有這樣，才可以保護賽夏族人
的穀物豐收，賽夏族人才能安和樂利平安幸福過日子。

　　本則故事裡，賽夏族與矮人達愛曾有過誓約：「和平相處，
守望相助」八字，矮人族達愛曾經教導幫助過賽夏人，賽夏人感
激不盡而由衷敬仰，然而由於兩族倫理觀念懸殊，久而久之，使

得賽夏族青年，在恩怨雙重心理壓迫下，採取報復行動，謀把矮人設計墜落深谷全亡。

按關於巴斯達隘矮靈祭典的祭祀時間，有謂矮人亡後，賽夏人一方面為了追念矮人傳授技藝之恩，一方面也害怕矮人巫術法力無邊的報復，乃於每年收穫之後，舉行祭祀矮靈之祭儀。台灣被日本統治的時候，日本人怕年年舉行巴斯達隘矮靈祭，對民族團結力助益甚大，遂規定須隔年才能舉行一次。屆此逐漸消弭賽夏族人的團結向心力。

本則傳說，向矮人洞穴射箭通知矮人參加豐年祭者為趙姓青年，有些傳說謂由朱姓青年射箭通知之。

這則傳說敘述了賽夏族人為了防止矮人靈魂作祟，於是在每兩年秋收之後的豐年祭裡，增加了送迎矮人靈魂的儀節，這便是後來巴斯達隘矮靈祭典，而原來歡慶的豐年祭變成了追思的矮靈祭禮拜。

《番族慣習調查報告書第三卷賽夏族》敘述矮黑人的故事也相當博瞻，茲錄如下：⑫

　　矮人（ta'ai）是從前棲息於balai溪（上坪溪上游）右岸，maibalai山的西北方半山腰岩洞內（現在該地稱為raita'ai）的一群矮人，他們的身長雖僅有三尺左右，但是臂力強而擅長於妖術，本族很害怕他們。不過ta'ai能歌擅舞，所以本族每年稻子收穫舉行祭祀時，都會邀請他們的男女一起來唱歌跳舞。然而ta'ai所棲息的岩窟在溪的對岸，而且水深崖峻不易靠近，所以本族邀請他們時，都要從溪的這一邊向岩窟射箭以做為信號。有一年，本族人邀請他們時，照例射箭做信號，但是ta'ai的壯丁涉溪而來，立刻逮住本族的使者，勒緊他的睪丸使其氣絕，幸而其後ta'ai的老人趕來，憐憫他而用芒草綁

住他的全身，一面誦咒，一面祈禱，該族人才因而獲得甦生。從此本族害怕ta'ai，選使者時要選腳力矯捷的人，而使者向岩洞射入箭後則立刻轉頭快跑回家。

此外，相傳ta'ai人本性淫蕩，和本族一起跳舞時經常玷辱本族婦女，而他們又善於隱身之術，人們因此不易追查到現場，唯有他們祭畢回去後，本族婦女突然腹部脹大，才知道被他們玷辱了。本族雖然因此非常厭惡他們，但是ta'ai力強且又長於妖術，不容易敵對，只好無奈地忍耐著。

直到有一年的祭祀，ta'ai的男女照例一起來到rarawajan（大隘社名，在一百端之內），和本族的男女會合舉行歌舞。有一個本族人恰巧看到自己的妻子正被ta'ai玷辱，他憤恨不已，想要殺死ta'ai，除去其患。

他絞盡腦汁，好不容易想出計策。他帶二、三個壯丁在ta'ai回去之前，先到達singaw溪之岸邊ai1hoha'之處等待他們。岸邊有一棵巨大的山批杷樹，樹幹向溪邊傾斜，樹枝伸展橫跨在深淵上（族人稱此地為kamlaiazem）。ta'ai每次往來本族時都爬上該樹休息，本族壯丁們知道此事，所以用刀斧砍去樹根的內側（下面）一半左右，又為了不要讓人發覺而把外側（上面）半部留著原狀。

ta'ai一行人祭祀完畢回來，這一天天氣很熱，所以一如往常大家爬到該樹上納涼。這時響起了聲音，一女說：「什麼聲音呀！」（kano'）一男回答說：「是大嫂膝蓋的聲音吧！」（twanai otopot），話還沒說完，突然嗶啪一聲樹根折斷了，ta'ai一行人也就掉進深淵淹死了。

　　那時坐在樹根的兩個ta'ai倖免於難，於是就問一個本族人說：「這奸計是誰設計的？」那人回答說：「我不知道，但是依我推測，是你們之中有人經常對我們惡作劇，因此受到我族某人怨恨，以致遭到此災難。」二個ta'ai人覺得很委屈，但是眼前寡不敵眾，無可奈何，便想要遺棄該巢穴。

　　本族人安慰並説服他們和從前同樣留在原地，但是他們不答應，並且説：「無論你們怎樣留我們，我們也絕對不會留下，不過我們走了之後，你們因爲不善歌謠，所以祭祀時必會遭到困難，因此，我們現在就教給你們。」然後他們就教授本族人各種歌謠，但是他們的歌謠太難了，大家都學不好，只有姓朱的一個人能精通，傳承到今日。二位ta∏ai人教授完歌謠後，即朝著東方離去。

　　本傳說故事是一則丈夫恰巧看到自己的妻子正被ta'ai玷辱，他憤恨不已，決心報復矮人族，終將矮人族一舉消滅，最後矮人族只剩下兩位，教授完歌謠後，即朝著東方離去。

【註釋】

① 洪英聖《台灣先住民腳印》，台北，時報文化出版公司，1994。
② 同①。
③ 參張致遠〈與矮靈共舞：苗栗新竹賽夏族今天十年大祭〉，中國時報，1996.11.22。
④ 參胡台麗〈矮人祭：賽夏族最盛大最具特色的祭儀〉，載於《民族與民俗》。
⑤ 瓦上霜〈賽夏族的矮人祭〉，載於《山地文化》雜誌。
⑥ 陳千武譯述《台灣原住民的母語傳說》，台北，台原出版社，1995.5。
⑦ 廖景淵〈北埔紀事・五指山傳奇之二〉。

⑧《苗栗文獻》，苗栗縣政府。

⑨ 田春枝〈賽夏族矮靈祭的團圓舞〉，載於《山地文化》雜誌。

⑩ 內政部委託台灣大學人類學系研究《台灣山胞各族傳統神話故事與傳說文獻編纂研究》，1994.4.30。

⑪ 朱鳳生《賽夏人》，新竹縣五峰鄉賽夏族祭典管理委員會出版，1995.10。

⑫ 黃智慧主編《番族慣習調查報告書第三卷賽夏族》，中央研究院民族學研究所編譯，1998.6。

第六章

賽夏族賽巴哈浪族口傳文學

在賽夏族人古代的觀念中，人類的品種是很多種的，除了一般的人之外，有高大如雲的巨人，有不及人類肚臍高度的小矮人，有沒有肛門飲食只吸蒸氣的賽巴哈浪族人等，這個世界真是精采極了。

《原語による台灣高砂族傳說集》，小川尚義、淺井惠倫著（1935），余萬居譯：①

> sa i pahacaha i an族人只要吸飯煮熟時之水氣就能飽腹，有一外地人見了甚疑，後來才發現那是因為該族人沒有肛門，那外地人好心燒鐵絲替那些族人鑽洞，而卻導致許多人的死亡。a i pahacaha i an人很生氣地追殺那外地人，那外地人則機靈地逃過此劫。

本傳說故事謂古代有一種人類sa i pahacaha i an族，他們與一般人的飲食習慣不同，因為他們的身體沒有肛門，所以他們的飲食只吸煮熟後之飯菜的蒸氣。

有一位外地人來到sa i pahacaha i an族的地方，看到他們奇怪的飲食方式，才發現他們原來沒有肛門，乃發好心燒鐵絲替sa i pahacaha i an族鑽洞，但是被鑽洞者有好多人死了，於是sa i pahacaha i an族人要殺他，這位外地人幸運地逃過了一劫。

本口傳故事的教育意義是勸戒族人，不要多事，多事之人往往敗害事情，有時候造成自己惹來無謂的麻煩，甚至危害到自己的生命安全。

陳千武譯述《台灣原住民的母語傳說》：②

> 賽巴哈浪族，只吸煮飯的蒸氣而活著。叫卡洛士的人來到他們的地方，說：「把飯給我吃。」他就真的把鍋子裡大半的飯吃掉了。過了不久，他走到放橫木的地方去大便。賽巴哈浪走去看他的大便，噴噴發出聲音排出來。沒有肛門的賽巴哈浪人，感到很驚訝。而說：

「你怎麼會有肛門？」卡洛士說：「把鐵絲燒紅做穿孔的工具，我來給你們穿孔，那麼就會像我這樣方便」。

然後，卡洛士真的替他們穿孔了，而說：「穿孔之後，他們都會睡得很熟。我要到那個山上去。如果聽到我的喊聲，就叫醒他們」。

被穿孔的那些人，其實已經死了。還沒被穿孔的人說：「好了，看看穿孔的人，如果他們穿孔成功了，我們再來穿孔」。

卡洛士到達山上，喊叫了幾聲。賽巴哈浪就叫醒他們。但是他們都叫不醒，已經死了。

賽巴哈浪人拿了弓箭、刀、槍一起去追逐卡洛士。正快追到的時候，卡洛士發現有檳榔，便拿檳榔切成碎片，咬成紅紅的液汁塗在穿山甲的洞裡，穿山甲的家，看上去像染了血一樣。

賽巴哈浪看到穿山甲的家染有血，就說：「卡洛士藏進洞裡去了。」便跑回家去拿鐵鍬來挖洞。然後進入洞裡。看到穿山甲在那兒。有個人說：「那個卡洛士必定是神，是來判決我們底死的神，他不是人，是神。」就這樣讓卡洛士跑掉了。

本傳說故事情節敘述如下：

一、賽巴哈浪族，只吸煮飯的蒸氣而活著。

二、有個叫卡洛士的人來到賽巴哈浪族的地方。

三、賽巴哈浪族人看到卡洛士把飯吃到肚子裡，以及他有肛門可以解大便，能夠發出聲音，感到非常的驚訝與不可思議。

四、卡洛士燒紅鐵絲替賽巴哈浪族人穿肛門孔。

五、被穿孔的那些賽巴哈浪族人都已經死了。

六、賽巴哈浪族人拿了弓箭、刀、槍等追殺卡洛士。

七、卡洛士把檳榔切成碎片，咬成紅紅的液汁塗在穿山甲的
　　洞裡。卡洛士終於脫困。

《番族慣習調查報告書第三卷賽夏族》：③

　　　古時候本族有一個名叫robengez的大力士。砍伐大樹時，只要有他一個人站在樹下支撐，就能擔挑起來。有一天他來到叫做sai pahalhahalhan的地方，看到該社社民臀部都沒有肛門，平常不吃飯只吸飯上熱氣而已。robengez告訴社民說：「你們因為沒有肛門而不能吃飯，這實在是可悲的事，我現在幫你們穿孔。」社民說：「會很痛吧？」他回答：「絕不會痛」，於是社民就說：「那麼，要穿的話，就先讓女人試吧！」它將柴刀（palakaw）的柄投入火中，用它來穿女人的臀部，但十幾個人皆因此而斷氣。社民問：「這是怎麼回事？」他回答說：「他們只不過是睡著了」，並且還指著山說：「我現在爬到山頂大聲呼叫「喔！」（族語 'oemoe'oe'），女人們就會全部甦醒。」而當他跑上山頂呼叫了幾次「喔！」「喔！」後，已死的婦女們卻沒有甦醒過來。社民們這才發現被欺騙了，大家追趕過去殺死他，他雖想逃走，但是社民追擊緊迫而難於逃脫，當時恰巧山中有穿山甲的洞穴，它就逃入洞中。社民們趕到該地揮鋒刺洞穴，但是一點反應也沒有。他們覺得奇怪而挖掘洞穴，但是洞中只有一個薯榔而已。後來robengez的蹤跡遂不得而知。

本傳說的情節與前述故事相似，惟本則穿肛門的人是一位大力士，而其使用穿肛門孔的工具也不相同，本故事是使用柴刀（palakaw）的柄投入火中，用它先來穿女人的臀部。

　　而此類傳說，好心替他們穿肛門孔的結果，都置人於死地，弄死了很多人，見闖了大禍，便開始逃逸，最後皆能順利脫困。

【註釋】

① 內政部委託台灣大學人類學系研究《台灣山胞各族傳統神話故事與傳說文獻編纂研究》，1994.4.30。

② 陳千武譯述《台灣原住民的母語傳說》，台北，台原出版社，1995.5。

③ 黃智慧主編《番族慣習調查報告書第三卷賽夏族》，中央研究院民族學研究所編譯，1998.6。

第七章

賽夏族變異口傳文學

賽夏族人的變異傳說故事也是膾炙人口，想像之豐富亦令人嘆爲觀止，在原住民神話傳說故事中亦很突出。

壹、賽夏族變異傳說故事的特質

賽夏族的變異傳說故事，可以分類爲：人類變異和動物變異兩大類。數千年來賽夏族人與山林自然的相處，得到了許多來自山野的寶貴生命哲學與生命學習。例如：

「人變鷹」傳說故事，從老鷹悽慘的叫聲裡，看到了後母虐待失去了母親的孤兒，孤兒渴望著！渴望著！後母能不能對她好一點，在百般忍耐與無奈之下，終於展翅飛向藍天白雲，邁向自由。雖然是一則悲劇，但是卻也道盡了天下後母惡毒的心腸。

「人變猴」傳說故事，看到猴子人模人樣，就想起沒有被善待的孩子們相約去當猴子，孩子傷心地離開了父母，父母失去了孩子。

「人變鳶鳥」傳說故事，孩子要求父母給他做一把弓箭，但是父親不答應，孩子傷心的說：「我該怎麼辦，我要去做鳶」，他於是飛出去了。傷心欲絕的孩子離開了他的父母親。

以上這些傳說故事都是有爲而作，讓天下父母能夠從新思考家庭生活的和諧性與教育的適從性及因應性，讓親子能夠得到最好的互動關係。

其他還有如「人變野豬」的傳說故事，都是屬於父母與孩子對應不良的口傳教育故事，導致無法彌補與挽回的悲劇。

在賽夏族的變異故事裡，也有許多具有勸戒性與恐嚇性的傳說故事，例如「人變穿山甲」，本故事警戒懶惰的小孩子，不要再懶惰下去，否則會變成穿山甲。

至於動物變異傳說故事，賽夏族先人，從觀察動物的形象、叫聲、姿態等等，創造了豐富的變異故事。

貳、人類變異傳說故事

(一) 人變鷹

林道生《台灣原住民族口傳文學選集》載〈鷹的故事〉：①

> 從前，在一個地方住著一位叫「伊姿黑芭考姑」的姑
> 娘，常常受到後母的虐待。有一天，她又受到了虐待，
> 便用破竹作成羽形，挾插在身體的兩腋下，飛去男朋友
> 的家，哭著敘述自己苦命的遭遇說：「我決心要做一隻鳥，
> 自由自在地在天空飛翔，不再受後母的虐待。今後你如
> 果想要看我的話，就在白天仰頭看天空，我會在上面飛
> 來飛去看看你。」說完便飛走了。她的朋友很傷心的要阻
> 止她，可是姑娘已經飛上天空變成一隻老鷹（yabo）了。

本故事是一位「伊姿黑芭考姑」姑娘，受到後母的虐待，因
此決心變成鳥自由自在地飛翔，不再受到後母的虐待。

她飛去男朋友的家，告訴他以後想看她，仰頭看看天空，她
就在天上飛來飛去看看他，男朋友很傷心，但是最後還是沒有辦
法阻止她，可憐的「伊姿黑芭考姑」小姐，她飛上了天空，變成
了一隻老鷹。

孤兒何其不幸！天下後母呀！您也有一雙溫暖的手啊！給個
一隻溫暖的手給孤兒吧！她畢竟也是妳的孩子啊！

《台灣の蕃族》，藤崎濟之助著（1930），黃文新譯：②

> 古時有一叫itsuhebakauku姑娘，因不堪繼母虐待，
> 剖竹為羽形，將其插於兩腋下，與其親朋告別，並吐露
> 其化鳥之苦情，朋友勸告無用，姑娘化為鷹。

> 一名叫boataen的少年，一日趁雙親不在家，私取一
> 枚珠裙放入井中攪攪，井水因而混濁不能飲用，雙親見
> 此大聲斥責少年，而正揚手欲毆少年時，少年一時驚駭
> 飛跳而起，變為鷹飛走。

　　本故事前段與上則故事相似，惟本則故事姑娘訴說後母虐苦之情的對象是她的親友，並不是男朋友，最後姑娘還是化為鷹。

　　天下為人繼母者，此段故事應該對你有所警惕了吧！有人說：「上帝因為不能照顧每一個人，所以他創造了父母」，但是孤兒何其不幸，他失去了父母已經是很可憐了，作為後母者，何其忍心再加以摧殘呢？

　　本故事後段敘述一位boataen的少年，私自取了珠裙放入井中擾攪，以致井水不能飲用，雙親大聲斥責欲毆，boataen一時驚駭飛跳而起，變成了一隻老鷹飛走。

　　林道生《台灣原住民族口傳文學選集》載〈鷹的故事〉：③

　　　　有一個地方住著一位叫波阿達彥的少年。有一天父母外出，叫他留守在家。波阿達彥想起家裡的一枚串珠很美，當即取來，心想如果把它丟到井子裡，井水不是會更清更美嗎？因此走到外面井子旁邊，把串珠丟入井中。用竹子攪一攪水，剎那之間，井子卻變成了混濁的水。糟了，這怎麼能喝呢？就在這時候，父母親回來了，看了這情形非常的生氣，罵著罵著便拿起竹子要揍他，波阿達彥害怕的跳了起來，這一跳竟然變成一隻亞波（鷹yabo）飛走了。

　　本則傳說與上則故事後段相同。頑皮的少年「波阿達彥」，因為把井水弄混了，做了令父母生氣的事，被發現而被加以責備，因為一時驚懼，變成了鷹逃走了。

　　頑皮的孩子啊！別再頑皮了，否則會變成鷹。

（二）人變猴

　　陳千武譯述《台灣原住民的母語傳說》載大隘社傳說：④

　　　　古早沒有猴子，因小孩子去變成猴子，才開始有猴子。有一天，成人們一起去喝酒，都不願帶孩子去，把

孩子留在家裡，使孩子們很生氣。「我們被老人們遺棄了，我們去變成猴子吧！」然後，搗糯米做黏糕，把家屋所有的孔洞都塗塞，只留下樑木的地方。他們商量，把帶子插進屁股說：「我們去吧！」便從樑木的孔穴溜出外面，邊哭邊變成猴子。所有的孩子都走了，只留下一個不堅強的孩子。因為不堅強，才被老人追逐抓到。老人說：「只剩下你一個人了，你不要去，應該留在家裡，照顧弟弟。」於是他揹著弟弟，爬到樹上，把嬰兒留在地上，說：「把嬰兒還給你，我要離開這裏，再見，媽媽。」說完變成猴子走了。

古時候小孩子去變猴子，才有了猴子這種動物，他們因為生氣大人們去喝酒而不帶他們一道去。

他們這些孩子們，要變成猴子之前先「搗糯米做黏糕，把家屋所有的孔洞都塗塞，只留下樑木的地方」，但是不明白他們為什麼要這麼作？為什麼要封閉家屋所有的孔洞？

他們把帶子插進屁股，從樑木的孔穴溜出外面，然後邊哭邊變成猴子，可見他們要變成猴子即將離開父母親，也是很傷心的。可是大人們為什麼不帶我們去？我們真的很生氣，我們要變猴子。

所有的孩子都變成猴子逃跑了，只剩下一位來不及逃走，就被老人抓住了，告訴他「只剩下你一個人了，你不要去，應該留在家裡，照顧弟弟」。

他背著弟弟，把弟弟放在地上，自己爬上樹，跟媽媽說聲「再見」，還是去變成猴子走了。

《原語による台灣高砂族傳說集》，小川尚義、淺井惠倫著 (1935)，余萬居譯：⑤

　　　從前是沒有猴子這種動物的。一次，社裡的老人們

一起去喝酒，可是他們不肯帶小孩子去。於是孩子們生
了氣，相約去當猴子，並將腰帶插入屁股裡來當尾巴。
他們並且做了一大堆麻糬帶走，然此時老人們回來了，
那群由小孩變成的猴子們都趕快跑走，只有一名瘦弱者
被老人逮個正著，強迫他留下來揹孩子，他卻爬到樹上
去，把背上的孩子扔下來，就趕緊逃開了。

　　本則傳說與上則故事相同，本故事對於那些相約去當猴子的
孩子們，離開家之前先做了一大堆麻糬的事情，交代的很清楚，
他們帶了許多麻糬，就是準備要在路上充飢之用。

　　《番族慣習調查報告書第三卷賽夏族》：⑥

　　　　從前某家有六個兒子。有一天父母把他們留在家裡
去耕地時，兒子們就從穀倉拿出小米來搗做黏糕，而且
鬧著玩地把腰帶（族語kapaksel）切成六段，在一端附上
黏糕，六人各自黏在自己的臀部。之後當他們從後面的
窗子出去，爬上樹時，腰帶變成了尾巴，想拿也拿不
掉。他們的父母從耕地回來後，發覺兒子們不在，便前
往山中搜索，當看見他們在樹上嬉戲，想把他們帶回家
時，誰也不肯回去，全逃跑至深山裡面。他們就是猴子
的祖先，猴子本來和我們一樣同為人類。

　　這是一則頑皮的小孩子變成猴子的故事。一家有六個兒子，
父母親把他們留在家裡而去耕作，兒子很頑皮嬉鬧，拿出穀倉小
米來搗黏糕，把腰帶切成六段，每人一段，在一端附上黏糕各自
黏在自己的臀部。他們爬上樹腰帶變成了尾巴，想拿也拿不掉，
變成了猴子。

　　陳運棟、張瑞恭《賽夏史話——矮靈祭》：⑦

　　　　據說猴子最早也是人，是由血姓（karkaramo）的小
孩變成的。他父親和母親常常外出喝酒，不在家照顧小

孩。有一天很晚才回來，看到家門緊閉，好像發生了事故，趕緊去開門，卻見不到小孩，只見到好幾隻猴子往外跑，因爲天黑只捉了一隻，其他的猴子都跑掉了。夫婦兩人將捉到的猴子仔細一看，臉好像呀！原來是他們的小孩變成的。夫婦兩人很傷心，被捉到的猴子趁雙親不注意的時候，一下又溜掉了，從此以後，賽夏人上山打獵時，就看到成群的猴子在樹枝上跳上跳下。

這是一則父母親愛喝酒，沒有盡到照顧小孩子的責任，常常出外喝酒，而不帶小孩子，隨便就把小孩子放在家裡，小孩子變成猴子跑掉了。父母親再怎麼傷心難過，也於事無補了。

（三）人變鳶鳥

陳千武《台灣原住民的母語傳說》：⑧

古早祖先的時候，有個晚上，小孩要求父親做弓箭給他，父親不答應。孩子說：「爸爸啊，你不肯，我該怎麼辦，我要去做鳶，……飛出去了。」

本則故事是有一個小孩子要求父親做弓箭給他，但是沒有獲得允許，孩子非常失望，因此他就去做鳶飛出去了。

本故事教育天下父母，如果孩子在合理的情況下有所要求，必須給予滿足，否則失去了孩子的心，失去的呼喚也喚不來。

《生蕃傳說集》，佐山融吉、大西吉壽著（1923），余萬居譯：⑨

古時有個少年，名叫karukaran。有一天，他要求父親，替他做一把弓。父親叫他去請母親做，他便去找母親。可是，母親又要他去找祖母。少年無奈，只好轉而哀求祖母，可是祖母也沒有答應，而是要他去告訴父親。沒有一個人肯替他做一把弓，karukaran忿恨不已，盜取家中一條珠裙，爬到樹上去，將其放進樹下池裡，

一面用以攪水，一面 ko kwao、ko kwao…….叫地叫著，池水混濁了，他也變成了鳶鳥。

本故事敘述家庭教育嚴重出現了重大瑕疵，每一位大人都互相推委，以致讓一個小孩想要的慾望破滅殆盡。

在無所適從的情況下，孩子非常憤怒，選擇了把池水攪混而致家人不能飲用的報復行為，並且決定離開不溫暖、沒有關愛的家庭，變成了鳶鳥。

成人之美善事也，惟有時或阻於時之不得為，致有因循怠惰者矣。擔當在我，無所虧欠，則無論能為與不能為，得為與不得為，而善量自滿矣。

（四）人變穿山甲

《生蕃傳說集》，佐山融吉、大西吉壽著（1923），余萬居譯：⑩

古時有個很任性的少年，叫做「aomu」，每天早晨都要賴床，父親去叫他，要搖醒他的時候，他就大耍彆扭，躲進床下去，挖了個洞藏身，說什麼也不出來。後來，他變成了穿山甲，逃之杳杳。

本故事是一位懶惰的少年「aomu」，每天早晨賴床賴到躲進床下去，挖了個洞藏身，怎麼叫喚說什麼也都不出來，躲在裡面睡覺，後來，他變成穿山甲逃之夭夭。

懶人啊！再繼續懶下去，就要變成穿山甲了。一個人是提升，或墮落，全在一心的主宰，人生無常，切莫沉迷不悟。

（五）人變野豬

《生蕃傳說集》，佐山融吉、大西吉壽著（1923），余萬居譯：⑪

某處有一少年，每一次從田間回來，都逼他父親，替他製小刀。少年貪得無厭，太煩人了，一天終於激怒

了父親，大罵他說：「你這混蛋，不回家也罷，去住在田上好了！」少年聽了，旋即離家，到田間去，變成了野豬，糟蹋粟和地瓜等農作物。

這是一則父親一氣之下罵了孩子，孩子也憤恨的離開了家，變成了野豬，專門糟蹋田間的粟和地瓜等農作物。

天下父母心阿！對孩子說話不可以惡毒，不但傷了孩子的心，也破壞了父母與子女的感情。

（六）人變鹿

《生蕃傳說集》，佐山融吉、大西吉壽著（1923），余萬居譯：⑫

> 古有一行五、六個人上山打獵，但是其中有一個人走失了，大家雖然拚命找，可是始終沒有找到，只好放棄搜索回家去。

> 約莫過了一年，又有社人到那個地方去打獵，見失蹤者已變成了一隻鹿，被關在柵欄裡。人們可憐他，把他帶回社裡來，給他東西吃，希望他能恢復本來面目。可是，人們的關愛並未生效，不久之後，那一隻鹿終於隨著可憐的叫聲死掉。

本故事古時有一獵人失蹤，一年後發現他已變成了一隻鹿，帶他返社希望他能夠恢復變成人，但是鹿最後還是死了。

故事說「鹿終於隨著可憐的叫聲死掉」，可能鹿知道這輩子是不可能回復人形，因此「隨著可憐的叫聲死掉」。

參、動物變異傳說故事

（一）青蛙變人

林道生《台灣原住民族口傳文學選集》載〈祖先的起源〉：⑬

> 從前，有一個叫做賽卡洛的人，有一天在河邊釣

魚，釣了半天連一條魚也沒釣上。正想著到底是怎麼一回事時，感覺到水中有東西在拉著魚線。趕緊用力拉上來一看，是一隻忌諱的青蛙，心中害怕，又把牠丟到水中，「卜咚」一聲，掉入水中的青蛙立即變成為一個人。賽卡洛覺得不可思議，因此決定帶回家飼養，觀察看看究竟是怎麼一回事。這隻青蛙變的人，就以人形一直成長，長大後賽卡洛為他娶妻。今天的塔布塔貝拉斯（tabu taberasu賽夏族）全都是他的子孫。

本故事是塔布塔貝拉斯（tabu taberasu）氏族的起源傳說，傳說塔貝拉斯氏族原來是一隻青蛙，是一位叫做賽卡洛的人在河邊釣魚時釣到的，賽卡洛把青蛙丟入水中，青蛙立即變成了一個人，賽卡洛把他帶回家撫養，長大後又為他娶妻，其後子孫繁衍，成了一個氏族。

《台灣の蕃族》，藤崎濟之助著，黃文新譯：⑭

> 古時有一名叫saivala的人，在河邊釣魚，一直未獲。正覺疑惑之際，突然有物上鉤，結果一看是青蛙，他不耐煩的將蛙丟下，但蛙卻化身為人，他深感訝異，遂將此人帶回家去，撫養長大，成為tapu-taberasu家的祖先。

按本則神話與上則神話故事相同。

（二）鹿鞭變螃蟹

《生蕃傳說集》，佐山融吉、大西吉壽著（1923），余萬居譯：⑮

> 某家有個十四、五歲的少女，每天奉父命去看守著粟田，她有個祖父，很疼她，……她要求祖父替她做個vuruvuru（嘴琴），祖父馬上做了給她，……但一連數日，少女天天要嘴琴。……有一天祖父在田間巡視，忽

然發現一隻大鹿走進小農屋裡去，於是立即號召附近壯丁獵殺之。少女哭個不停，祖父把煮好的鹿肉給她吃，可是她一口也不吃，最後她開口要鹿鞭，……她竟把它當髮簪，插在頭上。

　　過幾天，少女要從田間走回家的路中，需涉一溪流，那時，一不小心，頭上的髮簪掉了，沈入水中。少女想要把它撿起，用一根竹子去桶了幾下。說也奇怪，髮簪竟變成了螃蟹，鑽入沙中深處去。這便是螃蟹的祖先，至於螃蟹背之所以會有凹紋，那就是被少女用竹子戳過的痕跡。

　　本傳說是一位少女與鹿有情的故事，後來鹿被獵殺，少女很傷痛，要求給她鹿鞭，她把鹿鞭當髮簪，插在頭上。

　　有一日，少女涉水，不留意鹿鞭髮簪沈入水中，少女用一根竹子找，髮簪竟變成了螃蟹，鑽入沙中深處去。據說螃蟹背之凹紋，即當時少女尋找鹿鞭髮簪時用竹子戳過的痕跡。

　　陳千武《台灣原住民的母語傳說》：⑯

　　　父親……派女兒去看守旱田，……女兒帶了四個嘴琴去，但到晚上回家時，卻沒有把嘴琴帶回來。……「給我多做幾個嘴琴吧！」父親削了幾個嘴琴給她，可是第二天回來，她又要求給她做嘴琴。……

　　　過了幾天，父親……想到：「不如到旱田去走走！」……父親拿著弓箭去，……聽到芒草裡發出沙沙的聲音，……用弓箭射他，花鹿死了。……

　　　父親哄女兒不要哭，要把鹿肉給女兒，但女兒卻說不要。給她肝臟，也說不要。……最後指了鹿的陽物，她就答應了。

　　　女兒把鹿的陽物藏起來，到晚上睡覺的時候才拿出

144

來玩。有一天女兒把它綁在頭髮，要去河川遊玩，但是
在路上把它丟了。她回去尋找了一陣子，才看到它掉落
在積水堆裡。她伸手要去拿，卻拿不到，於是用剝苧皮
的工具去刺它。然後拿起來一看，卻是一隻真正的螃
蟹，不得不放回水裡。螃蟹生的孩子，背部都有兩個像
眼睛的刺痕，就是這個原因。

從本則傳說的敘述來看，與上一則的故事有些相似，不過不
同的是，上則故事謂鹿鞭變成了螃蟹，本故事卻不是這麼說，而
是說少女為了要撈起鹿鞭，於是用剝苧皮的工具去刺它，但是刺
到的是一隻螃蟹。後來螃蟹的背部都有兩個像眼睛的刺痕，就是
這個原因。

【註釋】

① 林道生《台灣原住民族口傳文學選集》，花蓮縣立文化中心，1996.6。
② 內政部委託台灣大學人類學系研究《台灣山胞各族傳統神話故事與傳說
　文獻編纂研究》，1994.4.30。
③ 同①。
④ 陳千武譯述《台灣原住民的母語傳說》，台北，台原出版社，1995.5。
⑤ 同②。
⑥ 黃智慧主編《番族慣習調查報告書第三卷賽夏族》，中央研究院民族學
　研究所編譯，1998.6。
⑦ 陳運棟、張瑞恭《賽夏史話——矮靈祭》，桃園，華夏書坊，1994.11。
⑧ 同④。
⑨ 同②。
⑩ 同②。
⑪ 同②。
⑫ 同②。
⑬ 同①。

⑭　同②。

⑮　同②。

⑯　同④。

第八章

賽夏族農耕與狩獵口傳文學

　　遠古賽夏族人過著茹毛飲血的原始生活，早期也是從事游
耕，山地燒墾和山區狩獵，後來受到周圍強勢民族的壓迫，土地
利用範圍逐漸減少，漸漸定居了下來，而有了農耕的生活和林業
的型態。①

壹、賽夏族耕種傳說故事

〈高砂族の雷神と蛇（二）〉《人類學雜誌》（1925），佐山融
吉著，劉佳麗譯：②

　　　　從前，雷神降臨下界變形成叫riwaina男子。他入贅
　　　一戶人家但從不耕作，鎮日遊手好閒，受到岳父的斥責
　　　後，在岳父的幫助下開始捻長線。

　　　　後來，他用線綁了五十把刀上山，將刀逐一刺在樹
　　　幹上，用線圍住山用力一拉，所有的樹都倒了，之後又
　　　輕輕鬆鬆地耕了田。……

　　本故事是神與凡人結婚的傳說，雷神使用了超能力在山田裡
耕作，這是凡人所做不到的。

貳、賽夏族經濟交易傳說故事

《生蕃傳說集》，佐山融吉、大西吉壽著（1923），余萬居
譯：③

　　　　古時祖先們遇見pana（高山人），對方問：「你們
　　　平常吃什麼？」祖先們回答說：「吃魚。」並且把魚拿
　　　給他們看。

　　　　pana說：「我們是捉捕鳥獸吃，你們想不想交換一
　　　下？」祖先們把魚給了他們，他們也留下了鳥獸，心滿
　　　意足地告別回去。這便是兩族之間的交易之始。

　　本傳說故事是一則賽夏族原始經濟交易的故事。賽夏族祖先

與pana（高山人）祖先交換食物，非常和平沒有爭執，這就是古代交換經濟最初的模式，各取所需，交換所無。

參、賽夏族狩獵傳說故事

古代的時候，賽夏族人除了從事農業耕作外，男子上山狩獵放置陷阱，來捕獲野獸，以為食用，也是很重要的一項行事。

日據時賽夏族狩獵之情形，台灣總督府臨時台灣舊慣調查會《蕃族慣習報告書第三卷賽夏族》載：④

> 狩獵是本族僅次於農耕的主要生業，可是東方被tayal族侵佔了良好的獵場，西方則被漢人劃為境界，所以熊、鹿、豹等獸類幾乎不能獵獲，而其他獸類的獵獲頭數也都減少了。
>
> 本族現在主要的獵獲物有野豬、羌、猴子等，其他有穿山甲、狐、狸、山貓、兔子等小獸類，以及雉、鳩等鳥類。
>
> 這些動物的肉類僅供作食物，偶爾他們也拿猴骨、穿山甲到交換所交換。這是因為本族沒有像tayal族一樣有高價的獵獲物做為交換品之緣故。
>
> 本族狩獵以單獨或團體舉行，團體通常是由附近的同姓者組織而成。本族土地是同姓者共有，所以獵場也是各姓分開。然因各姓分別擁有獵場之習慣，經常造成越界或偷獵，引起各姓間諸多紛爭。
>
> 近來由於理蕃上之必要，便將獵場改為各社之社民共同所有，廢除過去同姓共有之習慣，社民不拘何姓，可任意在自社領域內狩獵。而狩獵團體現在也變成由一社社民，或是其中一部落的社民來組織。

本則情節要點如下：

一、在日據時代賽夏族沒有良好的獵場，大型動物聚集的獵
　　場，都被泰雅族人所佔據。

二、賽夏族人擁有的獵場，野生動物多是小型動物，主要狩
　　以食用。

三、賽夏族人偶爾也會拿猴骨、穿山甲到交換所交換。

四、賽夏族人的獵場是各姓分開，亦即各氏族都擁有屬於自
　　己的獵場。

五、獵場經常有越界或偷獵，常會引起各姓之間諸多之紛
　　爭。

六、日據時，廢除了各氏族擁有屬於自己的獵場，社民可以
　　任意在自社的領域內狩獵，大家相安無事。

台灣總督府臨時台灣舊慣調查會《蕃族慣習報告書第三卷賽
夏族》載：⑤

　　　　狩獵稱爲talboyo:，通常是使用矛、槍，或是弓箭來
進行。不帶獵犬，僅三、四人出獵時稱爲romolok；攜帶
獵犬，且最少也有七、八人以上同行時稱爲oemalop。這
些獵法和tayal族相同。

　　　　本族狩獵時的獵獲物之分配有一定習慣，即最先找
到獸物的獵犬稱爲tomobon，咬住獸物的獵犬稱爲
misara'koma:as，而射中獸物的人稱爲manae'。

　　　　他們先拿獵獲物的某部分，然後再將獸肉平均分配
給獵團的成員。聽說在大東河方面，野豬的頭和肺分給
獵犬的主人，四肢的下腿歸射手所有，鹿皮和鹿角分給
獵犬的主人，鹿鞭歸射手所有。

本則情節要點如下：

一、賽夏族人狩獵使用的武器是矛、槍、弓箭。

二、賽夏族人狩獵的方法與泰雅族人相同：

　　1. 不帶獵犬，僅三、四人出獵時稱為romolok。

　　2. 攜帶獵犬，且最少也有七、八人以上同行時稱為
　　　　oemalop。

三、賽夏族人以擊獲獵物之功勞作為返社後獵物分配之依
　　據：

　　1. 最先找到獸物的獵犬稱為tomobon

　　2. 咬住獸物的獵犬稱為misara'koma:as

　　3. 射中獸物的人稱為manae'。

四、賽夏族人狩獵獵獲物之分配有其一定的規矩與準則，以
　　大東河為例：

　　1. 野豬的頭和肺分給獵犬的主人。

　　2. 四肢的下腿歸射手所有。

　　3. 鹿皮和鹿角分給獵犬的主人。

　　4. 鹿鞭歸射手所有。

陳春欽氏〈向天湖賽夏族的故事〉載「鬼靈與山地酒」：⑥

　　以前我們上山打獵，都是由鄰居的人組織一個獵
隊，到山上時有一部分人守著山豬，防它跑掉；一部分
人就在後面窮追，當快追到的時候就用箭來射，並用刀
去刺。……

本傳說敘述古代賽夏族人狩獵的方法：

一、狩獵前先行組織一個獵隊。

二、狩獵隊到達獵場分配工作任務，分為兩組人馬，「一部
　　分人守著山豬，防它跑掉；一部分人就在後面窮追」。

三、當接近野獸的時候「就用箭來射，並用刀去刺」。

高砂族の雷神と蛇（二）》《人類學雜誌》（1925），佐山融吉
著，劉佳麗譯：⑦

從前，雷神降臨下界變形成叫riwaina男子。他入贅
一戶人家，……有一天還一箭射了四頭鹿，岳父罵他該
如何處置，他就將鹿吹回家門口。……

本傳說故事雷神下凡入贅一戶人家，他具有神力，狩獵一箭
射了四頭鹿，真是收穫豐收，獵獲物也不用假手於人搬運，他用
吹的，獵獲物就被吹到家門口了，實在是太神奇了。

本故事賽夏族人對於「神」的觀念，認為神是具有威力的，
神的能力是偉大的，神是神奇的。

【註釋】

① 田哲益《台灣的原住民賽夏族》台北，台原出版社，2001.8。

② 內政部委託台灣大學人類學系研究《台灣山胞各族傳統神話故事與傳說
文獻編纂研究》，1994.4.30。

③ 同②。

④ 黃智慧主編《番族慣習調查報告書第三卷賽夏族》，中央研究院民族學
研究所編譯，1998.6。

⑤ 同④。

⑥ 陳春欽〈向天湖賽夏的故事〉，載於《民族學研究所集刊》廿一，
1966春季，中央研究院民族學研究所。

⑦ 同②。

第九章

賽夏族宗教口傳文學

154

壹、賽夏族巴斯達隘祭典

賽夏族人也有著許多祭典，在各種不同的祭典中，其中以巴斯達隘矮靈祭典是賽夏族最盛大的祭典。

賽夏族的巴斯達隘矮靈祭典，是以特殊神靈爲對象，傳說巴斯達隘矮靈祭典是賽夏族人用以感謝與追思矮靈taai。賽夏族「巴斯達隘矮靈祭典」，兩年舉行一次，每十年舉行一次大祭。

在台灣原住民十族各族群普遍流傳的「小矮人」傳說，台灣的住民，目前以原住民最早居住在這塊土地，而「小矮人」可能也是一種台灣先前的早住民。

既然如此，那麼就不能將「小矮人」的傳說故事，視爲單純之傳說而已，「小矮人」的傳說故事，是具有著有關台灣原住民族之間傳承的意義，也可以作爲菲律賓和巴丹島上，矮靈傳說的比較研究的材料。

矮靈祭是賽夏族的特有信仰，根據古生物地理學的研究，東南亞和台灣，在史前時代，都曾經分布一種成年男子不滿一五五公分的矮黑人，他們如今仍然倖存在菲律賓與泰國的印度洋岸，台灣東南端原住民也還混有他們的血緣。由於矮黑人的體型劣勢，最後終於爲較高大的台灣原住民所取代，賽夏族的矮靈祭，可以說是物競天擇下，勝利者對被滅族者的一種人道安慰，和漢人超渡幽靈的做醮、水路法會，有點兒類似。①

陳春欽〈賽夏族的宗教及其社會功能〉云：②

　　　賽夏人是矮靈文化的傳承者，但矮靈信仰之建立則在賽夏人反抗矮人，並將矮人消滅之後所發展出來對含有矮人固有之農業神與被殺害的怨靈之宗教祭儀。

矮黑人達愛taai是台灣先前的早住民，如今已經被賽夏族人滅種，雖然如此，唯其文化仍被賽夏人所傳承，如賽夏人的祭歌、農業技藝、宗教祭儀，都傳之於矮黑人。

賽夏人對矮人抱有恩怨雙重心理（ambivalence），巴斯達隘矮靈祭典以祭舞爲中心，而認爲矮靈爲祭舞中的舞伴，賽夏人心目中，此一矮人舞伴，須不斷防範其惡作劇。祭歌中可以發現，賽夏族或揶揄而使矮人煩躁，或假裝無意，故作矮人所禁忌之事而激之，或婉曲地暗示逐客之意，而復佯作宥恕而姑予挽留之，或威脅而驅逐之。此種種與賽夏族對其祖靈崇敬愛慕之念，洽形成顯著對照。由是，信仰上矮靈與祖靈之分，已略可見；再就祭儀實踐上，由每一儀節觀之，兩者之差異將更趨明顯。③

貳、賽夏族祈天祭

賽夏族每年的祈天祭，在農曆三月十二日到十五日舉行四天。在賽夏族傳說中，祈天祭不論祈雨或祈晴，一祈就靈，從未有失誤。

傳說，古代的時候，每當賽夏族人舉行一年一度的祈天祭，祭典之前一日，北賽夏群的族人，必須揹著覆蓋羌皮的祭品籃，從現今新竹的五峰鄉奔跑一晝夜山路，趕到南群巴卡山之祖靈屋參與祭典。

祈天祭主旨是向天祈禱風調雨順，主要目的是祈雨、祈晴或驅疫。最早是不定期舉辦，久旱不雨就祈雨，相反的，若是久雨不晴，就舉行祈晴祭，遇到流行病時，則爲了防止蔓延，就進行驅疫祭。後來祈天祭每年都辦，一年小祭，一年大祭。南賽夏群的大、小祭場都在南庄蓬萊村，小祭在村內，大祭在海拔約八、九百公尺的湳山部落舉行。④

賽夏族舉行祈天祭，傳統上祈天祭是由撒萬氏saavang主祭，即潘姓、錢姓、根姓三姓。

翁瑞祐〈賽夏族祈天祭〉採錄一則傳說：⑤

> 據說祈天祭的由來，是因爲賽夏族曾碰到兩次大洪

水災難，當第二次洪水來臨時，雨下個不停，萬物都被淹沒，連人都快被淹死，族人恐慌不已。

當時被賽夏族人視為法力無邊的矮靈也使出渾身解數，對天施法，無奈徒勞無功，洪水不退，大雨亦不停歇。

矮靈法力無效後，賽夏十幾個姓氏族人輪翻上陣祈天，希望雨不要再下了，卻還是無效。

就在眾人束手無策時，章氏族人，提議不妨由撒萬氏試試祈天求晴。沒想到，撒萬氏出馬，天立刻放晴，風、雨霎時停止，族人得以獲救。

從此以後，依賽夏族的族規，祈天祭理所當然由撒萬氏主祭。

本傳說故事祈天祭的由來情節如下：

一、古代，曾有兩次大洪水災難，第二次洪水氾濫，雨水不停，大地遭淹沒，人也快要被淹沒了，族人甚為恐慌。

二、一向法力無邊的矮靈也對天施法，但是洪水、大雨，仍然不退。

三、賽夏族十幾個姓氏，輪流祈天退去洪水、大雨，結果還是無效。

四、最後由撒萬氏祈晴，結果洪水、大雨霎時退去，族人才得以獲救。

五、自此即今，賽夏族祈天祭皆由撒萬氏主祭。

賽夏族人要舉行祈天祭，首先由章姓族人提醒全族人，祈天祭期到了，全族人才開始準備。完整的祈天儀式為四天，祈天祭第一天，由潘姓長老進行占卜，詢問諸神由誰拿祭祀用品，這個儀式只有撒萬氏長老才可參加，其他姓氏不可以參加。第二天開始才由賽夏族人一同參加。

　　祈天祭第二天為ayalaho（會議），南北群兩祭團長老會聚山下河畔聚會。第三日是vavavow（殺豬），宰豬準備祭品。第四天為lavu（祭神），為祈天祭祭神全日祭儀。

　　賽夏族人舉行祈天祭，所祭祀的對象，是賽夏族人源流的天帝「歐貝納布萬」和天后「瓦萬」。

　　相傳天帝「歐貝納布萬」和天后「瓦萬」兩位，是賽夏族人至高無上的祖靈，祂擁有的能力很多，例如降雨、賜晴、鎮風、除疫等的法力。

　　相傳天帝「歐貝納布萬」和天后「瓦萬」兩位，他們化身為兩座石像，屹立在大霸尖山鞍部一處名叫做「納柏」的地點。

　　相傳兩位開基祖靈能夠呼風喚雨，使得能與祖靈溝通的祭司長老群撒萬氏，也承襲到祈晴止雨的法力。

　　如果從比較文化觀點來看，賽夏族聞名的「巴斯達隘」矮靈祭，類似漢族做醮除祟，而祈天祭則像「天公生日」一樣，猶如帝王的「封禪」大典。祈天祭也是賽夏族的大典，不過因為沒有熱鬧的歌舞，知道的人很少。⑥

　　祈天祭的禁忌：祈天祭第一天之占卜儀式，只有撒萬氏長老才可以參與，其他氏族一概不准參加。其他族人參加第二天至第四天的祭儀活動。

　　由於賽夏族人篤信萬物皆有生命，因此祖先規定，祈天祭前一週內，不得殺生，不但不能夠殺雞、殺豬，謹守不得折損植物，草不能割，樹不能砍，就連衣服都不可以曬在陽光底下。

　　賽夏族祈天祭祭祀之用品，平時由主祭家族保管，祭典期間才送進祖靈屋作為祈禱儀式時用，但除了主祭者外，其他人一律不准進入祖靈屋。

　　又在四天的祈天祭典中，還必須遵守祭品，不可以見天，必須躲在室內用手吃飯。

　　由於賽夏族祖先曾經交代過，祈天儀式進行前，要忌口，不提內容，族人也一直謹守這條訓示，所以到目前為止幾乎沒有外人清楚祭典完整的內容，這個祭典也從未在媒體曝光過。

　　祈天祭是項嚴肅且需要誠意的祭典，祖先立規矩只希望對天表達誠心，外人也需要遵守。首先上山參加祈天祭時，請將十元銅板交給潘氏族人，作為轉告諸神有客人來訪時用，請他們不要介意，且務必持誠心參加，有始有終，不可中途離席。特別須注意的是第四天不能煮湯、喝水，祈天儀式完畢後，族人會分享小米、糯米飯糰，大家進到祭屋裡吃「手扒祭祖餐」，這時候外人才可盡情詢問祈天祭的一切。唯懷孕的夫婦，不可吃飯糰，其他分享到飯糰的人，都要吃完，不可以有剩餘。

　　民國八十六年四月十九日，南賽夏首次開放祈天祭，祈天祭是賽夏族向天祈願的儀式，沒有華麗的歌舞表演，遊客僅能分享賽夏族人傳承文化及愛惜萬物之心，也希望遊客，帶著誠摯的心情上山，才能盡情享受蓬萊村的賽夏風情。賽夏族祈天祭的開放，是人類學者珍貴的新題材。⑦

參、賽夏族祈晴祭

　　賽夏族除了祈天祭，還有祈晴祭。在陳春欽「蛇與二媳婦」傳說故事載：⑧

　　　　一年一次的祈晴祭kakawas，是由解、夏兩姓主祭，當老鷹（解姓的人變成的）臨空飛翔不去之時，即為下雨的先兆，解、夏兩姓之人，必須祭蛇，以求天晴，其他各姓的家庭都必須有人參加。祭時以小米dada為祭品。

　　本傳說故事謂賽夏族一年一次的祈晴祭kakawas，是由解、夏兩姓主祭，必須祭蛇，以求天晴，以小米dada為祭品。

傳說「老鷹」是「解」姓的人變成的，人們可以從老鷹臨空飛翔不去，預兆天將降雨。

在南賽夏群南祭團舉行巴斯達隘矮靈祭時，「朱」姓主祭者會拿神鞭（蛇鞭）揮打，意即驅除陰霾，以使天晴，好讓巴斯達隘矮靈祭典繼續順利進行。可見「蛇」在賽夏人的眼中是具有威力的。

《番族慣習調查報告書第三卷賽夏族》：⑨

　　從前某處的石洞裡有一條蛇。這條蛇有毒，看見牠的人都會死亡，大家因此害怕不敢接近牠。然而，有一位夏姓老太婆去看牠時，蛇嘶嘶地鳴叫。老太婆毫不畏其毒，把牠捉到籠裡帶回家飼養。這條蛇有四隻腳，能像狗一樣行走。老太婆常帶著蛇去耕地。有一天從耕地回來的途中，在涉溪時，蛇被水淹死了。

　　當老太婆回到家後發覺蛇不見了，也不知牠的去向。而蛇的屍體流到月眉庄（客家座落）時，該庄有一個常攜帶籠子到溪裡捕蟹的庄民，他一看到蛇屍即突然死亡，而其他看見的人，也都中毒氣而亡。庄民問有人聽說本族有養妖蛇者，認爲這蛇屍可能就是妖蛇，於是通知本族。夏姓老太婆到月眉一看，果然是自己所飼養的蛇，於是就把骨頭帶回家祭祀。這蛇骨很靈驗，久雨不停時向牠祈禱，天就會放晴。後來，夏姓家失火房子被燒掉時，蛇的骨頭也燒成了灰，他們拾起該骨灰，把它用布包好，放進籠子裡祭祀。後來骨灰也分給該姓的分支蟹姓，從此以後，這兩姓就成爲本族掌管祈求天晴的祭司。

賽夏族的龍蛇本身具有魔力，所以賽夏族或客家人只要看到龍蛇都會死亡。這裡值得探討的是，故事裡的龍蛇外型非一般正

常的蛇類，稱爲龍蛇，應該和雨水有相當的關係，甚至應該掌握
控制水的力量，但是在故事裡，龍蛇是懼水而被淹死。死後的龍
蛇具備的法力卻是能掌握天氣放晴。能夠控制這條龍蛇的是賽夏
族的夏姓老太太，後來故事裡將蛇的骨灰分給了夏姓分支的蟹
姓，夏、蟹兩姓就成爲賽夏族掌管祈晴的祭司。⑩

肆、賽夏族祖靈祭

陳春欽〈賽夏族的宗教及其社會功能〉云：⑪

> 解、夏兩氏族的靈蛇sala，……與祖靈祭中之
> dausabas（摸圖騰箱，以示新成員之加入該族）儀式，以
> 及二媳婦犯禁所造成之二媳婦與靈蛇皆亡的事看來，靈
> 蛇即爲夏、解二氏族之圖騰，它不僅有其禁忌，而於犯
> 禁之後也只有靠祖靈之赦免才能救活，在此祖靈與靈蛇
> 被看做同一物。當靈蛇死亡，其蛇骨分由兩姓保管，因
> 爲此兩姓同處舉行祖靈祭，此種蛇骨即爲夏、解兩姓祖
> 靈祭時之圖騰箱（kakurang）內所盛之靈物。

本傳說故事謂蛇骨即爲夏、解兩姓祖靈祭時之圖騰箱
（kakurang）內所盛之靈物。

夏、解兩氏族的圖騰爲「靈蛇」，它不僅有其禁忌，如果犯
禁之後也只有靠祖靈之赦免才能救活。

按賽夏族的祖靈祭，是以神靈爲對象，賽夏族的祖靈都是老
前輩，通稱爲tatini，包含的範圍很廣，不僅有本族人，還有異族
人，沒有截然的界線。

伍、賽夏族多神信仰

所謂「多神信仰」，爲凡禮拜眾神，以爲宇宙有多神存在
者，稱爲多神信仰，當然，多神信仰即是與一神信仰相對而言

者。

　　賽夏族人超自然的信仰對神的觀念，認為是吉凶禍福生死的主宰，特別尊奉男女二神、蛇神、司生神、農物、雷公、雷雨等神，可以說是多神信仰之部族。

　　據說賽夏人種植小米是雷公教授的，傳說中的雷公是傳授賽夏人播種小米者，因此，雷公受到賽夏的尊崇。⑫

　　又據陳春欽「大霸尖山上的兩尊石像」傳說故事，傳說在大霸尖山有男女二神石像，據說是賽夏族人分姓的始祖。因此，賽夏族人亦有崇拜「巨石」的傾向。

陸、賽夏族原始宗教之瓦解

　　台灣原住民的祖先，自古以來就有屬於自己的原始宗教信仰，至台灣光復以後，目前原住民主要信仰的基督教（含天主教、基督教）才傳入原住民社會，原住民的原始宗教信仰也從此逐漸瓦解。

　　原住民原始宗教祭儀，是代表其文化的一項最重要的表徵，所以要了解原住民的文化，必須先從其原始宗教信仰來著手，從其宗教信仰中可以看出其思想體系以及邏輯理念、生活態度等。

　　事實上，原始宗教就是原住民文化的根源，沒有它不成其民族。可惜強勢的外來宗教強力的介入，使原住民的文化瀕臨絕跡，最後走向亡種。這是原住民必須省思的，在接受他文化的同時，也絕不放棄自己原有的文化，這樣才能讓自己真實的存在，而不是虛幻。

　　據陳春欽〈賽夏族的宗教及其社會功能〉云：⑬

　　　　賽夏族人易於接受外來信仰，如泰雅族之鬼靈信仰，客家漢人之多神信仰，天主教、基督教之一神信仰，現正並存於賽夏人的社區內。即以賽夏人之矮靈信仰，亦

爲與外來文化(指矮人所傳入者)接觸後所產生的。……

柒、賽夏族鬼靈信仰

大地宇宙由無數超自然的、無形的「靈」所支配。賽夏族人的「靈」分爲「生靈」與「死靈」，死靈最具有神力，人類生存時，靈魂存在身體各部分。靈魂脫離肉體，人便得病。靈魂完全脫去肉體，人便死亡。死靈有善惡之分，先前每日行善又積德或有功者，其靈會順利進入天國，反之，先前作惡多端者，死後即成爲惡靈，不能進入天國，徬徨於人間，作崇人間。

許多學者多以爲賽夏族人的鬼靈信仰，從其與泰雅族鬼靈信仰或傳說神話的類似性，而謂賽夏族人的鬼靈信仰源之於泰雅族，吾人認爲大凡自有人類以來，原始人類即已產生了最初期的宗教行爲，在相似的環境裡，有可能產生相似的宗教信仰意識，因此，賽夏族的鬼靈信仰仍是其本族發展出來而與泰雅族相類似的原始宗教信仰。

【註釋】

① 李嘉鑫〈矮靈祭〉，中國時報，1998.12.5。
② 陳春欽〈賽夏族的宗教及其社會功能〉。
③ 參《台灣省通志》卷八〈同胄志‧賽夏族〉，第五冊，1972.6.30。
④ 田哲益《台灣的原住民賽夏族》台北，台原出版社，2001.8。
⑤ 翁瑞祐〈賽夏族祈天祭〉，自由時報，1997.4.18。
⑥ 李嘉鑫〈變天有影無〉，中國時報，1997.4.18。
⑦ 參同⑤。
⑧ 陳春欽〈向天湖賽夏族的故事〉，載於《民族學研究所集刊》廿一，1966年春季，中央研究院民族學研究所。
⑨ 黃智慧主編《番族慣習調查報告書第三卷賽夏族》，中央研究院民族學研究所編譯，1998.6。

⑩ 林修澈《賽夏族史篇》，南投，台灣省文獻委員會，2000.5。

⑪ 同②。

⑫ 參⑧。

⑬ 同②。

第十章

賽夏族祭祀口傳文學

「祭儀」是台灣原住民族文化極重要的部分，而一般人並不能理解原住民的祭儀，往往以慶祝豐收的豐年祭等簡單而且具高度漢人中心的概念來看待原住民的祭儀。事實上，原住民的祭儀種類很多，族群互異，而各族本身不同的祭儀，也具備不同的意義。要了解原住民的文化，理解他們各種祭儀的意義是絕對必要的。①

壹、朱姓擔任巴斯達隘祭典主祭傳說故事

巴斯達隘矮靈祭典，南北祭團的主祭者，皆由朱姓人擔任之，這是賽夏族傳統沿襲不變的族規。南祭團一直都是由朱阿良擔任主祭，北祭團是由姓朱的氏族為主體來主持盛會。

巴斯達隘矮靈祭典，從古至今，一直都是由朱姓人氏傳襲主祭，這其中有數則神話傳說：

傳說在數百年前，原來住在五峰鄉茅埔對面，懸崖洞穴之矮人，與賽夏族人互通語言，相處得非常融洽。

有一天，賽夏族人忽然聽到對面傳來矮人唱出嘹喨的歌聲，節奏整齊，音色優美動人，於是，賽夏族人不時地前往懸崖處，偷聽練習，首先由「阿吾馬」之趙、高、夏、錢姓……等，輪流前往去學習，但回來後，始終無法背誦起來。

最後輪由朱姓族人去學習，就把所有祭歌全部學會了，因此矮人特別囑意朱姓長者，以後舉行祭典文化傳承重責大任。

矮人擅長歌唱，歌聲嘹喨，音色優美。賽夏人被矮人的音樂所吸引，各姓氏的人都前後前往學習，但是最後只有朱姓族人全部學會了所有的祭歌，因此，矮人還特別囑意爾後賽夏人舉行祭典由朱姓人氏來主持。一直到現在巴斯達隘矮靈祭典都是由朱姓人擔任總主祭，其他各姓阿吾馬派代表擔任助祭。

本則傳說故事情節：

一、數百年前，小矮人還曾經存在，還沒有被賽夏族人消滅。

二、小矮人的居住地是在新竹縣五峰鄉茅埔對面懸崖洞穴。

三、小矮人的語言，可以與賽夏族人互通。

四、小矮人與賽夏族人之間，相處得非常融洽。

五、有一天，賽夏族人聽到小矮人嘹喨優美的歌聲。

六、趙、高、夏、錢姓……等輪流前往去學習，但都背誦不起來。

七、最後朱姓人把所有祭歌全部學會了。

八、矮人囑意朱姓以後舉行祭典文化傳承重責大任。

另一則傳說：

　　當矮人族掉落橋下全部喪命，只留下二位老人，他們教導賽夏族人有關祭「巴斯達隘」pas-taai的歌舞及儀式的規矩，最後只有姓朱的的族人將歌曲全部學會，後來賽夏族人盛大神聖的「巴斯達隘祭典」就都由朱姓擔任主祭。

　　本則傳說與上則傳說賽夏族族人向矮黑人達愛學習巴斯達隘祭舞祭歌的時機不一樣，上則傳說賽夏族人是在當他們尚與矮黑人達愛和平相處的時候，矮黑人達愛教授賽夏族人祭歌；本則傳說賽夏族人學習祭歌，是在賽夏族人滅絕矮黑人達愛之後。

　　本故事是由僅留存活下的二位老人，教導賽夏族人有關祭「巴斯達隘」pas-taai的歌舞及儀式的規矩。

　　矮黑人達愛被賽夏族人滅絕之後，為什麼還要傳授賽夏族人祭歌呢？這真是耐人尋味的，或許矮黑人也覺識到被滅族的悲哀，唯有把自己的文化傳承給賽夏族人，自己的文化才能夠永續於萬古的恆河裡。

《蕃族一班》，警察本署（1916），黃文新譯：②

　　太古時代，在高聳大山中腹部，有巨大洞窟，住有許多小人種，身長僅一尺餘，行動敏捷而喜惡作劇，使得祖先困擾不已，決心報復。

　　便將湖畔的山枇杷樹的樹根伐至一半，以土覆之，然後引誘小人爬上樹遊玩，樹不勝其重量，倒下湖中。

　　小人中僅taai、yalo、toai三人倖免，後taai傳授祭祀之法於te-teun（譯爲朱）姓之遠祖，因之該姓之子孫至今仍職司祭祀之事，即爲祭祀這些小人靈者也。而往昔之湖，即爲今日上坪溪上流shiigao附近。

本則傳說故事情節意義如下：

一、太古的時候，在高聳的大山中之腹部，有一個巨大的洞窟，住有許多小矮人的種族。

二、小矮人的身長只有一尺餘，與一般的人種不同，是屬於矮小的種族。

三、小矮人雖然身材矮小，但是他們的行動非常敏捷。

四、古時厚小矮人喜歡對賽夏族人惡作劇，賽夏族人的祖先感到困擾不已，於是決心報復。

五、賽夏族人祖先施計「將湖畔的山枇杷樹的樹根伐至一半，以土覆之」，然後引誘讓小矮人爬上枇杷樹遊玩。

六、枇杷樹因爲不勝許多爬上樹的小矮人的重量而倒下，小矮人則自枇杷樹上墜湖而滅絕。

七、賽夏族人祖先施計滅絕小矮人，只有少數小矮人倖存，他們是taai、yalo、toai。

八、這些倖存的小矮人，便把矮人的祭祀之法傳授給姓「朱」的族人，所以「朱姓」至今仍職司巴斯達隘矮靈祭祀之事。

九、賽夏族人舉行巴斯達隘「即爲祭祀這些小人靈者也」。

十、賽夏族人對古代矮人族的存在一直深信不疑，如本則故事，當年矮人所墜之往昔之湖，即爲今日上坪溪上流shiigao附近。

有些傳說故事謂「朱」姓族人是滅絕矮人族的主謀者：

　　傳說古代，當年屠殺矮黑人的行動，就是由朱姓的賽夏族族長所發動。滅絕矮人族之後，天災連連，病疫盛行，因此族人提議要舉行對矮人的亡靈作祭祀，以除災病，就由當年繫鈴的朱姓人來解鈴，所以此後巴斯達隘矮靈祭典都是由朱姓人士擔任。

本傳說故事謂：

一、古代傳說賽夏族人屠殺矮黑人的行動，就是由「朱」姓的賽夏族族長所發動。

二、賽夏族人把矮黑人滅絕之後，從此，天災連連，病疫盛行。

三、有些族人認爲這些天災與病疫的發生，都是由於把矮黑人滅絕了，遭其懲罰。

四、族人認爲要解除天災與病疫必須舉行祭祀矮黑人靈魂。

五、祭祀矮黑人靈魂的人，應該由當年發動屠殺矮黑人行動的「朱」姓人來解鈴。

六、自此此後巴斯達隘矮靈祭典都是由「朱」姓人士擔任。

　　在北賽夏群，巴斯達隘矮靈祭典的主祭人，可以由朱姓嫡系以外的朱家擔任，如認宗「武茂卡拉黑衣」、「樸勇卡拉里衣」、「依貼卡拉里衣」（以上係兄弟）、「包奈那排素」等朱姓宗親，按輩分輪流擔任。

　　按北賽夏群朱姓，又分爲三個層級：

一爲朱耀宗祖宗ka leh a omau（曾祖父）爲主。

次爲ta hos lo pai宗系。

三爲經正宗朱家收養歸宗者。

主祭人依朱姓層級先後，視其意願要求推選擔任，並促請擔負統御祭典之榮譽，呼籲大家通力合作，加強祭歌複習，一切作萬全之準備，迎接祭典之來臨。③

賽夏族每次舉行的巴斯達隘矮人祭，北祭團均由朱姓長老擔任總主祭，其他各姓也從長老中推派一人爲助祭。自古沿襲矮靈祭只能由朱家擔任總司祭，據賽夏族人傳說：

> 古代司祭原來是由豆家擔任，但豆家被矮靈迫害無法擔任，只有朱家才能制服矮靈，司祭就換由朱家擔任了。

> 又有人謂，當年大舉滅亡矮人者是朱家人所策劃，祭祀權當然就由朱家擔任。

> 還有，古代矮黑人與賽夏族人和睦相處時，矮黑人教導賽夏族人歌唱，只有朱姓的族人學得快、唱得好祭典中的歌詞樂曲，於是由朱家發音領唱，自然的朱家成爲了主祭，一直沿襲至今。

本傳說故事有三種條件讓巴斯達隘矮靈祭典的主祭者由「朱」姓擔任的原因：

一、賽夏族人古代的祭祀原來是由「豆」姓人家來擔任，但是「豆」姓人家由於被矮靈之迫害，以致無法擔任祭祀的重任；而古代只有「朱」姓人家，才能夠制服矮靈，因此司祭就改由「朱」姓一家人擔任了。此說是賽夏族人司祭權的轉移問題，是由「豆」姓轉給了「朱」姓，相沿至今。

二、因爲當年要滅亡小矮人時是「朱」姓人所策劃，結果一舉成功，當然祭祀權理該讓「朱」姓人擔任。

三、古代矮黑人還沒有被賽夏族人滅絕，他們仍然與賽夏族
　　人和睦相處的時候，矮黑人教導賽夏族人歌唱祭歌詞樂
　　曲，朱姓族人學得快、唱得好，於是由朱家發音領唱，
　　自然的朱家成為了主祭，一直沿襲至今。

賽夏族巴斯達隘矮靈祭典與一般台灣原住民祭典不同之處，即先人以生命構築淒美及對幽靈的恐懼，從其中可以感受到靈動的生命力，那份賽夏族人將矮人族滅族的愧疚，就好像是受傷期間心靈的創痛，將如何彌補的無奈，也使得這個儀式，蒙上了神秘的色彩。④

貳、幡旗由夏姓祭旗傳說故事

幡旗的使用，依傳統每十年一次，幡旗是由夏姓族人所提供。十年一大祭，祭典一大早，祭旗由夏姓族人將幡旗豎於祭場旁邊，祭祀期間，每日由夏姓族人，合力將之扛起，繞著祭場數次，再放回原處。⑤

十年一大祭，祭旗為什麼要由夏姓族人提供以及負責祭旗巡場呢？原來古時候是有典故的：

　　　　相傳在很久以前，瘟疫流行，朱姓族人幾近滅種，
　　最後僅剩一位年近六十歲的男子，當時賽夏族人對他甚
　　為同情，把一位年僅十八歲的夏姓少女，許配給他，朱
　　姓香煙因此得以延續。此後，朱姓為感謝夏姓之恩惠，
　　特致贈旗子一面，以表謝忱。

本傳說故事情節如下：

一、古代，瘟疫流行的時候，朱姓的族人已經滅種，僅剩下
　　一位年近六十歲的男子，該氏族的繁衍成了非常嚴重的
　　問題。

二、「夏」姓族人很同情「朱」姓即將滅族的殘酷事實，

「把一位年僅十八歲的夏姓少女，許配給他，朱姓香煙因此得以延續」。

三、「朱」姓壯大之後，送了一面旗子給「夏」姓，以表謝忱。

賽夏族人巴斯達隘十年一大祭，夏姓人要提供幡旗，這面旗就是當年朱姓人贈送給夏姓人，以表謝恩。巴斯達隘矮靈祭典由朱姓人主祭，十年大祭時，夏姓人提供幡旗以示曾經幫助過朱姓延續香火之恩。幡旗在某種意義上，具有延續賽夏族人香火的意思。⑥

參、巴斯達隘祭典揮舞神鞭

「神鞭」是南賽夏族人南祭團舉行巴斯達隘矮靈祭典的時候，使用的法器，族人稱之為patbutu。

「神鞭」又名「神蛇」，具有非常神聖的意義，傳說外人絕對不可隨意去觸摸它，否則厄運當頭。

按北賽夏群北祭團舉行巴斯達隘矮靈祭典的時候，沒有使用神鞭的法器，只有在南祭團才看到。

賽夏群南庄南祭團，在舉行巴斯達隘矮靈祭典進行的時候，若遇到雨霧不止，則由朱姓主祭者，從祖靈屋拿出蛇鞭子，在舞場中揮鞭，對著空氣抽打，使之發出「咻！咻！嗟！嗟！」聲響。

拍打「神蛇」的用意，據說是祈晴。巴斯達隘矮靈祭典的時候，有時候會遇到烏雲遮月或濃霧籠罩的時候，賽夏族人認為這是矮靈在作怪，這時候主祭者用神鞭鞭打，據說就可以雲消霧散，去邪制煞。

賽夏族人認為，「神蛇」抽打得愈響亮，天氣就會愈好，否則月亮便會隱沒去，烏雲將會臨空，刮風下雨，無所不至。

　　「神蛇」是用約二公尺長的鹿仔樹皮結索作成，根部留二十公分，切成蛇頭形做柄，形如百步蛇狀，其餘即去薪材，將樹皮做成三片交互編織成一條索，末端作結，再綁上約三公分藤條八條製成。⑦

　　賽夏族人舉行巴斯達隘矮靈祭典，祭祀歌舞在女子臀鈴的助興下，搖曳象徵著月亮之光的「月光旗」，並且配合著「神鞭」的揮舞，極富浪漫。傳說神鞭象徵「百步蛇」，具有制煞避邪之作用。

　　巴斯達隘矮靈祭典，揮舞著「神鞭」，表示掃除陰霾，烏雲速去，風雨速去，濃霧速去。

　　據傳說只有朱姓的子孫才能夠揮舞「神鞭」，因為祭祀權屬於姓朱的子孫，若是非姓朱的人揮舞，賽夏族人認為會遭受天譴而遇不幸。

　　在巴斯達隘矮靈祭典的時候，朱姓主祭者在場中「揮鞭」，會有許多病患、小孩子、婦女、老人家等，上前觸摸舞鞭者之背部，據說此舉可以掃除邪魔，祈求諸事平安。

【註釋】

① 《發展中的原住民》，台灣原住民文化園區出版，1995.10.20。

② 內政部委託台灣大學人類學系研究《台灣山胞各族傳統神話故事與傳說文獻編纂研究》，1994.4.30。

③ 《新竹縣五峰鄉矮靈祭典簡介》，民國八十一年矮靈祭大會資料及朱鳳生《賽夏人》。

④ 田哲益《台灣的原住民賽夏族》台北，台原出版社，2001.8。

⑤ 同④。

⑥ 同④。

⑦ 同④。

第十一章

賽夏族圖騰信仰口傳文學

氏族為賽夏族社會組織之最基本單位，賽夏族也是從人類社會最原始的血緣集團以母系為中心，逐漸轉為以父系為核心。

賽夏族為一典型的父系社會，有很清楚的姓氏，姓氏集團是土地共有、生產及勞動的互助單位。

賽夏族同氏族之人禁止通婚，行共產制。常崇拜一種動植物為祖先，謂之圖騰。

圖騰（totem）者，人類原始社會中，假借一種自然物，作為符號，以表示一個團體或是一個氏族之血統，而尊為神聖而崇拜之者，即圖騰。

賽夏族的氏族組織，原來都是圖騰氏族（totemic clan），也就是以動物、植物或自然現象，作為氏族的共同象徵標記及名號。

賽夏族的漢字姓氏完全與賽夏母語結合，意義也完全相同，雖然母語漸漸喪失，這是事實，但是姓氏的傳承，卻使族人不致被融滅，因此，賽夏族雖然人口少，始終維持完整的族群，端賴矮靈祭和姓氏。賽夏族原無漢姓記載，舉個例來說，「趙」姓原先為「豆」姓，日據時代又改為「保田」，台灣光復，政府遷台之後，依族群子孫，按方言譯音配姓，「豆」與「趙」之讀音接近，所以「豆」改為「趙」姓，在賽夏族的意義為頭目之尊稱。①

賽夏族在社會結構方面以父系氏族組織為主，各氏族團體，傳統各有其圖騰與象徵物，而在前清朝時期到光緒年間，曾大量改為漢姓，或以原圖騰之意義改為漢姓。賽夏氏族姓氏多為動植物及自然現象而產生，乃是原姓氏之音譯而成的。②

賽夏族目前共有十八個姓氏（按宮本延人《台灣的原住民族》謂有十九姓；《台灣省通志》謂有十七氏族，包括已滅絕的膜姓與血姓。），包括朱姓（底丟溫titiyon）、胡姓（傳特傳度兒botbotol）趙（豆）姓（到到哇日阿依tawtawazay）、夏姓（哈亞

萬hajawan）、高姓（卡依發依發吾kajbajbaw）、風（楓、酆）姓
（發阿發依baabaj）、錢（潘）姓（沙萬shawan）、詹姓（卡恩拉
拉依kamlalaay）、解姓（卡兒卡拉昂karkarang）、章（樟）姓
（明拉格斯minrakush）、絲姓（打呆西tatajsi）、日姓（打奴黑拉
tanohela）、根姓（卡斯阿沐斯kash amus）、苔姓（賽那阿斯兒
shajnaasu）、血姓（卡兒卡拉木karkara mou）、膜姓（打不打不
拉斯taptapilas）等；其中血、膜業已絕跡多年，其原稱呼亦失傳，
北賽夏群以朱、趙姓人數最多，且朱姓永遠居於領導地位，趙姓
為輔。南賽夏群以風姓人數最多，仍以朱姓居領導該族之中心。③

　　朱姓（包括胡姓）

　　豆姓（包括趙姓、絲姓、獅姓）

　　潘姓（包括錢姓、根姓）

　　解姓（包括蟹姓）

　　章姓（包括樟姓）

　　絲姓（包括獅姓）

　　風姓（包括張姓、酆姓、東姓、柏姓）

　　以上為同一宗族，或認養乾兒，彼此絕對禁止通婚。其他尚
有夏、高、詹、日、苔、血、膜等姓氏，按說，賽夏族應該有十
四個姓氏。

　　另有漢族孤兒被賽夏人收養者，如秋、張等姓。陳春欽〈賽
夏族的宗教及其社會功能〉云：④

　　　　如血karkaramo、膜tapapiras、胡but-butol、獅
　　haiteborah-ag都已漢化或絕跡。

　　從清代開始，賽夏族以原有的氏姓與漢姓並用，漢姓中音譯
的有朱姓、趙（豆）姓、夏姓、絲姓等；採諧音的有胡姓本為
狐，詹姓本為蟾或蟬，章姓本為樟，以樟樹為標誌；保存原意者
有苔姓、日姓與解（蟹）姓。

　　清道光六年（1826），清廷因為開疆設隘，徵用賽夏人為隘丁，以禦未歸化之原住民。清代乾隆十二年清廷賜姓給賽夏人有樟、豆、張、林、潘、錢等姓。

　　賽夏族以動物、植物、自然現象作為氏族的圖騰，並加以運用在漢姓上面，如「風姓」的族人，相傳他們的祖先是「風」的後代，風姓代表風之子；「日」姓的族人則是神話傳說中射日英雄的後代；苃姓為住在長滿九苃樹林的人。這些姓氏，不僅說明了賽夏族人的圖騰觀念，也符合了氏族的需要，是原住民當中能夠直接由漢姓看出氏族關係的唯一族群。⑤

　　按賽夏族古代，每一個氏族基本上各有一個圖騰，作為氏族或宗姓的代表，當然有一些氏族因年代久遠，已經無法得知其姓氏的圖騰！如高姓、施姓等以居地命名漢姓。茲將賽夏族人的姓氏其原意分類如下：

（一）以動物為圖騰

1. 狐或狸──清代改為漢姓時為「胡」。
2. 螃蟹──清初改為漢姓時為「解」。
3. 蟾或蟬──清代改為漢姓為「詹」。

（二）以植物為圖騰

1. hainasu為百日紅或狗苃，亦有謂九苃樹──漢姓為「苃」，為住在長滿九苃樹林的人。
2. 落花生──漢姓為「豆」或「趙」。
3. 像樹之根──漢姓為「根」。
4. 樟樹──漢姓為「樟」。
5. 亂枝，即木枝條錯亂──漢姓為「潘」。
6. 草珠，即薏株──漢姓為「朱」。
7. 一種多草的灌木tataise──漢姓為「絲」

（三）以自然物為圖騰

1. 太陽——漢姓為「日」，是神話傳說中射日英雄的後代。
2. 風——漢姓為「風」，族人相傳他們的祖先是風的後代。

（四）以生理為圖騰

1. karkaramo為血——漢姓為「血」。
2. taptapiras為膜——漢姓為「膜」。

（五）以居地為姓

1. 住在高地區——漢姓為「高」。
2. haiteborahag住在帖伯拉社tebora的賽夏族人——漢姓為「施」。

（六）其他

古代賽夏族獵頭聞名的一支已改漢姓為「夏」。

以上除五、六原無圖騰意義外，以動物為圖騰有三；以植物為圖騰有七；以自然物為圖騰有二；以生理為圖騰有二，血姓與膜姓已絕跡矣。

陳春欽〈賽夏族的宗教及其社會功能〉云：⑥

> 解、夏兩氏族的靈蛇sala，……與祖靈祭中之dausabas（摸圖騰箱，以示新成員之加入該族）儀式，以及二媳婦犯禁所造成之二媳婦與靈蛇皆亡的事看來，靈蛇即為夏、解二氏族之圖騰，它不僅有其禁忌，而於犯禁之後也只有靠祖靈之赦免才能救活，在此祖靈與靈蛇被看做同一物。當靈蛇死亡，其蛇骨分由兩姓保管，因為此兩姓同處舉行祖靈祭，此種蛇骨即為夏、解兩姓祖靈祭時之圖騰箱（kakurang）內所盛之靈物。

在南賽夏群南祭團舉行巴斯達隘矮靈祭時，主祭者會拿神鞭（蛇鞭）揮打，意即驅除陰霾，以使天晴，好讓巴斯達隘矮靈祭典繼續順利進行。可見「蛇」在賽夏人的眼中是具有威厲的。

【註釋】

① 田哲益《台灣的原住民賽夏族》台北，台原出版社，2001.8。

② 同①。

③《新竹縣五峰鄉賽夏族矮靈祭典簡介》，民國八十一年矮靈祭大會資料。

④ 陳春欽〈賽夏族的宗教及其社會功能〉。

⑤ 參王煒昶主編《台灣原住民文化園區導覽手冊》，台灣原住民文化園區管理處，1996.7。

⑥ 同⑤。

第十二章

賽夏族巫師與巫術口傳文學

　　巫師是古代賽夏族人的醫師也是心理輔導師，同時他也是人神之間溝通的橋樑，有了巫師特殊的祈禱與咒語，而能夠讓一般平民百姓的祈求，達於天聽，而蒙受天神祖靈的保佑與關愛。

壹、賽夏族巫師的職責與能力

　　巫師是專門替人唸咒祈禱，驅除邪靈，醫治疾病，並接受酬勞的人，他們靠神為業，站在神與人之間，社會地位崇高，受人敬畏。

　　賽夏族人認為一切吉凶禍福，是「精靈」所致，精靈有善惡之分。賽夏族人祭祀以善靈為對象，巫術以惡靈為對象，依靠巫術可以解除惡靈的作祟，或用巫術求助善靈保佑，來驅逐並鎮壓以至安慰惡靈。

貳、賽夏族祈晴傳說故事

陳春欽「蛇與二媳婦」傳說故事載：①

　　　　一年一次的祈晴祭kakawas，是由解、夏兩姓主祭，當老鷹（解姓的人變成的）臨空飛翔不去之時，即為下雨的先兆，解、夏兩姓之人，必須祭蛇，以求天晴，其他各姓的家庭都必須有人參加。祭時以小米dada為祭品。

本傳說故事說明了賽夏族人傳統祈晴的祭儀：

一、祈晴儀式必須由解、夏兩姓來主祭。

二、祈晴儀式除了解、夏兩姓外，其他各姓都必須派人參加。

三、祈晴儀式以小米dada為祭品。

四、祈晴儀式必須祭蛇，以求天晴。

五、當老鷹臨空飛翔不去之時，即為下雨的先兆。

六、老鷹是解姓的人變成的，所以祈晴儀式必須由姓解的人主祭，這樣天候才會晴開。因此，解姓的人變成了賽夏族傳統上祈晴的主祭者。

《原語による台灣高砂族傳說集》，小川尙義、淺井惠倫著（1935），余萬居譯：②

太古時，一日晚上，有個小孩要求父親爲他做一把弓，可是父親不肯，小孩便帶走十件珠裙飛上天去變成了鳶鳥。

小孩說：「爸，我走了。我在河岸一啼鳴就會下雨，若久雨不停，你們可向朱姓的人要稻穀來做麻糬，並拿著珠裙向天祈禱。

我一旦到了山上去啼叫，天氣就會晴朗，有利於農耕，開墾地的雜木也乾得快，故易於燃燒。」

這變成鳶的小孩之預言果然正確，這故事便代代流傳下來。

本傳說故事敘述如下：

一、孩子因爲父親不允爲他做一把弓，孩子飛上天去變成了鳶鳥。

二、孩子帶走十件珠裙去變成鳶鳥。這珠裙與後來的祈晴祭祀有關。

三、孩子變成鳶鳥，飛走前告訴其父親，如何判斷天候陰晴之方法。

四、鳶鳥「在河岸一啼鳴就會下雨」；「到了山上去啼叫，天氣就會晴朗」。

五、如果天候陰霾，久久不晴開，此時可以「向朱姓的人要稻穀來做麻糬，並拿著珠裙向天祈禱」。

【註釋】

① 陳春欽〈向天湖賽夏族的故事〉，載於《民族學研究所集刊》廿一，
　 1966春季，中央研究院民族學研究所。

② 內政部委託台灣大學人類學系研究《台灣山胞各族傳統神話故事與傳說
　 文獻編纂研究》，1994.4.30。

第十三章

賽夏族占卜徵兆口傳文學

　　賽夏族的占卜徵兆可以分為夢占、自然占卜、鳥占、水占、徵兆等。夢占以所作之夢境卜占之；自然占卜為依據自然周圍環境現象卜占之；鳥占為依據鳥的飛向、鳥叫聲的清濁、緩急等卜占之；水占為用碗盛滿清水，投入一枝草，湊耳朵細聽竹管「傾訴」，則可聽到精靈之指示；徵兆如日月蝕、流星、烏鴉呱叫、狗夜長鳴哀等卜占之。

　　這些占卜徵兆在古代賽夏族人的日常行事中是非常重要的，因為在古代，賽夏族人沒有可以依據的科學知識，所以這些經由經驗傳承的占卜徵兆變成了一切行事的指導與引領。

　　雖然以現代知識的觀念來說，占卜徵兆是一種迷信，但是在當時卻是維護生命安全的唯一方法。

　　占卜徵兆最起碼也是注意到了週遭環境是否安全的問題的一種警戒，所以在當時具有一定的意義與價值。

壹、夢占傳說

　　賽夏族人對於夜間睡夢中所作的夢境，有吉凶之解。賽夏族人日常生活中，夜間夢境，都是卜占將會發生什麼事？行事耕種出外狩獵安全否？出草馘首能否成功？出遠門旅行會不會發生意外？卜之，吉者可以按照預定計畫行事；凶者，停止一切行事，改日再行之，勉強行事則可能會遭遇不測的後果。所以賽夏族人非常重視夢占。

　　部落裡有重大活動，例如要狩獵或要準備出草，必須要行夢卜預測吉凶，凡事是吉是凶，都要以夢卜為依據。否則盲目行事，很容易出亂事。

　　由此我們可以看出，賽夏族人做事也是相當謹慎的民族，凡事都有一定的步驟與順序，絕不會意氣用事，置生命安全之於度外。

　　我們從賽夏族人，行事之前之一切宗教性的準備活動，可知賽夏人是非常謹守規律的民族，其古代生活的嚴謹與規律性可知。

貳、自然占卜傳說

　　賽夏族人在舉行祭祀、建築房舍、開墾新耕地等等重大的行事之前，也必須先行占卜，以卜是吉是凶，是順是逆，可行還是不可行。

　　賽夏族人對於自然的一切事物，均有吉凶之解釋，例如肥皂之泡沫飛起方向，皆列為預卜吉凶之方法。

　　賽夏族人是一個懂得與宇宙自然律配合的民族，是一個與自然密切相結合的族群，他們愛護自然，絕不破壞自然。

　　他們絕對不會破壞自然以適應自己，而是依據自然來調適自己的生活腳步與生活的方向和目標。

　　賽夏族人在占卜耕地的時候，是根據卜占的結果來決定他們對於這塊土地耕作與否？如果卜占不吉利，決對不會強行開墾耕作。

　　據說卜占一塊地是否能夠耕作，如果卜占的結果是凶兆，倘若繼續勉強開墾耕作，也不會有好的收穫，也等於是白作一番，而且也可能會遭遇一些意外事件，所以卜占土地不吉，賽夏族人是絕對不會勉強繼續做下去的。

　　賽夏族人許多行事，可以說是在自然的情況下來進行的，如果天意不許，決不強為。

參、鳥占傳說

　　賽夏人族在出發狩獵的時候，也要行鳥占，以鳥之方位和數量，鳴聲長短、緩急、聲調及四聲等，來判斷是否繼續前往獵區行獵。

　　狩獵途中，如果鳥占不吉，不勉強繼續前進，待在原地住宿，次日再出發，如果鳥占嚴重不吉，如卜之有人會傷亡，則取消這次的狩獵活動，改日再擇期行夢占吉利的時候，再前往獵區狩獵。

　　陳春欽氏〈向天湖賽夏族的故事〉載有關鳥占「sisi鳥的靈示」傳說故事：①

　　　　從前我們賽夏人上山打獵一定先要老人去聽sisi的叫聲，才出發去打獵，如果sisi在右邊叫，就可以去打獵，反之在左邊叫就萬萬不可上山，這是凶兆。

　　　　如果右邊的sisi先叫，左邊的sisi隨著唱和，或者左邊的sisi先叫，右邊的sisi唱和，都是很好的預兆。

　　　　當左右兩邊的sisi同時叫的時候，是行獵最好的徵兆，上山打獵，無論見到什麼獵物都可以打得到的。

　　　　如果在出發之後，sisi忽然從面前飛駛而去，這時如果不立刻回來，還繼續上山的話，打獵時山豬會咬傷我們的獵狗，我們自己的武器如刀、矛、箭都會射傷我們自己人的腳。所以在出發之後，仍然要繼續聽從sisi的指引，不可亂來。

　　　　從前我們和atayal打仗，如果隊伍已經出發，在半途忽然聽到sisi不停的叫著，我們就必須按兵不動，如果還盲目前進的話，會遭遇到敵人的埋伏，要等到sisi的叫聲轉變了，我們的隊伍才可繼續前進，如果sisi叫得好，我們的仗一定打勝，否則必敗無疑。無論我們賽夏族做什麼事，sisi鳥一定會知道的。

　　本傳說故事敘述賽夏族人用以占卜吉凶的占卜鳥sisi鳥的故事，故事中說明如何聽sisi鳥的叫聲以判斷吉凶，非常詳細，條述如下：

一、sisi鳥在右邊叫，可以前往打獵。

二、sisi鳥在左邊叫，是凶兆，不可以前往打獵。

三、如果右邊的sisi鳥先叫，左邊的sisi鳥隨著唱和，或者左邊的sisi鳥先叫，右邊的sisi鳥唱和，都是很好的預兆。

四、左右兩邊的sisi同時叫，是最吉兆，狩獵一定豐收。

五、sisi鳥忽然從面前飛駛而去，是凶兆，應該立即返回。

六、sisi鳥不停的叫，表示可能有狀況，必須保持安靜，馬上就地掩護。

肆、水占傳說

傳說賽夏族人遇到疾病或是疑難問題的時候，就會用碗盛滿清水，投入一枝草，然後在碗中立細竹管一支。

禱告後，湊耳朵細聽竹管「傾訴」，據說可以聽到精靈的指示，並且可以判斷吉凶。

還有利用竹製筐簍擺滿背面蘆葦草後，再加清水，這樣精靈也能顯現在水中並交代吉凶。

伍、徵兆傳說

徵兆也是有吉兆與凶兆，賽夏族人舉辦大活動的時候，特別注意徵兆的預示，來決定行止。

徵兆的傳說大致如遇到日月蝕、流星等自然現象，認為是凶兆；又如烏鴉在上空呱呱叫，或狗夜間長鳴哀叫，皆認為凶兆。

【註釋】

① 陳春欽〈向天湖賽夏族的故事〉，載於《民族學研究所集刊》廿一，1966春季，中央研究院民族學研究所。

第十四章

賽夏族禁忌與喪葬口傳文學

禁忌即忌諱也。古代賽夏族人信仰精靈，懼怕精靈，就產生了許多禁忌。賽夏族的禁忌信仰，從一般的日常生活到重要禮儀，都普遍存在，如賽夏族人孕婦及其丈夫不能參加矮靈送神活動等等。

壹、賽夏族狩獵禁忌傳說

賽夏人尤其狩獵禁忌在壇中更要銘記在心，朱鳳生《賽夏人》載：①

一、彼此以一杯酒，相互諒恕過去的恩怨，那怕是祖宗八代，若有弒弑的行為也全部述出。

二、轉告獵神的門徒，行獵前，必先來膜神壇，以避免發生無謂的災禍，相形之下，所獲獵物反而會更多。

三、狩獵期間，避開婚喪喜慶的場所，若非參加不可，首先通知同伴獵友把自己所放的獵具，象徵性用十元賣給他。等到事情結束，再向獵友贖回此獵具。

四、在別人面前，勿誇自己所獲的獵物，免得下回去看，所獵的東西會減少或連半條也逮不到。

五、行獵中、飯前、飲酒必先感謝祖宗的庇祐，方式簡單，拿一飯糰，肉一小塊，往東邊方向伸手丟棄，說聲：「發阿基衣（泰語），請吃吧！」意謂所有的神，如祖宗、山神、獵神等諸神，可隨心所欲來分享。

六、富有經驗的狩獵前輩會指導年輕小伙，行獵中遇到困難，如何應變措施或以靜制動來克服。

七、狩獵期間，不容許家裡發生不愉快的事情如吵架等諸類事。

貳、賽夏族婚姻禁忌傳說

賽夏族其禁婚法則如下：

一、同氏族同聯族概不婚。

二、母族之氏族及聯族內禁婚，母之姊妹族因與母族異姓可婚。

三、伯叔母族與己同世代者不婚。

四、姑母族直系五代間不婚。

五、妻族不再婚。

六、同母異父之兄弟妹，雖為異姓不婚。

七、敵族禁婚。

賽夏族血親太近者不可通婚，如：

一、趙、絲、豆禁止通婚。

二、潘與根及錢不得成親，風、楓、鄷、東、柏不得成婚。

三、高、芎、夏、解禁止通婚。

四、朱、胡禁止通婚。

參、賽夏族生育禁忌傳說

賽夏族人生育，其應嚴守的禁忌如下：

一、孕婦與丈夫不能參加祭儀如祖靈祭及接觸祭物。

二、孕婦之家不能參加出草。

三、孕婦之夫參加狩獵的時候，不能夠走在或站在團體的先頭。

四、孕婦不食獸類之心臟及鰻魚之頭，否則生出來的嬰兒眼睛會是白色，頭髮亦容易變白。

五、孕婦不能觸及男子的弓矢及獵具，否則以後狩獵就獵不到野獸了。

六、除了夫妻之間或已訂婚之男女外，要特別注意男女之間

的交往，不得說到交合、懷胎及其他有關生殖的語言，而應把女人的褲子（haehnga'）說成黑衣（rawahkayba:en），臀部說成脊椎？懷胎（'ama:isi'），說成惡火'oemahoe'is ka hapoy等。②

七、孕婦及丈夫都不可以使用缺口的碗，否則會生下缺嘴的嬰兒。

八、孕婦及丈夫都不可以睡午覺及在日落後馬上就寢，否則生出來的嬰兒會很喜歡哭。

九、賽夏族人婦女生育，非常忌諱雙胞胎，生下雙胞胎視爲不吉祥，認爲會危害家人及同氏族人，所以古時候，婦女生下雙胞胎，一定縊殺之，然後棄之於荒郊野外。

肆、賽夏族喪葬禁忌傳說

賽夏族喪葬禁忌傳說條列如下：③

一、惡死者，除非氏族中年長者，不能觸其屍體。

二、橫死者，由首先發現者或告知其親屬，在就地掩埋，以示禁忌。若掩埋者，非其氏族人，其親族須以貝珠串與酒答謝之。

三、陪葬物也有禁忌，男子的武器及小刀，禁止附葬。

四、參加埋葬者回家後，必須更衣，所脫下之衣服，必須棄之於野外。

五、家有喪祭者，不能參加農事祭儀。

六、家有喪祭者，不能參加族人的出草與戰爭。

七、同氏族間有人死亡，氏族內各人有爲之服喪一日之義務。

伍、賽夏族喪葬傳說故事

（一）賽夏族青春永駐說

自從有人類以來，即希望生命能夠延年益壽，甚至追求長生不老。在台灣原住民諸族裡，有許多有關長生不死或青春永駐的傳說賽夏族人也流傳著，青春不死的傳說。

林道生《台灣原住民族口傳文學選集》載卡拉灣社〈壽命的傳說〉：④

> 古代的人，一到了年老只要剝掉外皮就可以又恢復年輕。可是，有一次來了個異族的人，看了老年人在痛苦地剝皮要恢復年輕，便好笑的問：「到底是剝去外皮好呢？還是死了的好呢？」族人也立即感覺到而回答說：「剝皮太痛苦了，還是死了的好，比較輕鬆。」從此賽夏族人年老以後也不再剝皮，而決定選擇比較輕鬆的死亡。

藤崎濟之助《台灣之蕃族》（昭和五年）亦載：⑤

> 古時候的人，到了老年時，就會自動脫皮，而成為年輕人。一日一異族之人前來取笑他們剝皮之狀況，族人問之：「剝皮與死亡究竟何者好？」異族人回答：「剝皮的苦狀反不如一死為佳。」由此廢止了剝皮而選擇死亡。

以上兩則傳說故事相同，是賽夏族人的青春永駐不死說，賽夏族人認為古代人到了年老後，就會像蛇一般自動脫去外皮，又恢復年輕的模樣了。

但是脫皮的過程很痛苦，後來賽夏人選擇了一「死」了之，廢棄了剝皮而能青春永駐的傳統方式。人自此之後才有了「生」與「死」的過程。

從以上兩則傳說故事的敘述，似乎古代只有賽夏族人才有生

而不滅之現象，異族人則為有生即有死。

（二）賽夏族無盡的沉痛與哀思

　　長子長孫剪指甲禮：傳說賽夏族長子長孫於祖父臨終時有一種特殊儀禮，以其右手觸祖父之右手，長男則用剪刀將其父之右手拇指之指甲剪下少許，插入自己之右手拇指甲內，表示將死者之生產技能全部承襲下來。

【註釋】

① 朱鳳生《賽夏人》，新竹縣五峰鄉賽夏族祭典管理委員會出版，1995.10。

② 黃智慧主編《番族慣習調查報告書第三卷賽夏族》，中央研究院民族學研究所編譯，1998.6。

③ 田哲益《台灣的原住民賽夏族》台北，台原出版社，2001.8。

④ 林道生《台灣原住民族口傳文學選集》，花蓮縣立文化中心，1996.6。

⑤ 內政部委託台灣大學人類學系研究《台灣山胞各族傳統神話故事與傳說文獻編纂研究》，1994.4.30。

第十五章

賽夏族飲食口傳文學

古代人類的飲食型態，可以說是領導著人類的生活方式，人類從原始到處行走採集樹果裹腹，逐漸發展為狩獵以食野獸，最後發展為農業定耕生活。

在採集與狩獵為主的生活，人類到處行走游動，尋找野果與野獸的蹤跡，因此造成了人類不斷遷徙的生活方式。

人類到了開始發展農業生活，才逐漸穩定下來，開始了定居的生活。惟最初人類發展進入農耕時代，人們也為了找尋良好的農耕環境，也還不斷地從事遷徙尋覓良地，最後終於找到了最適合的福地，於是建立部社，長期定居與定耕。

從此，生活有了許多保障，減少了不斷遷徙的痛苦與天災獸害，過著平和安樂幸福的生活。

壹、賽夏族火的傳說故事

〈高砂族の雷神と蛇（二）〉《人類學雜誌》（1925），佐山融吉著，劉佳麗譯：①

　　從前，雷神降臨下界變形成叫riwaina男子。他入贅一戶人家但從不耕作，鎮日遊手好閒，受到岳父的斥責後，在岳父的幫助下開始捻長線。

　　後來，他用線綁了五十把刀上山，將刀逐一刺在樹幹上，用線圍住山用力一拉，所有的樹都倒了，之後又輕輕鬆鬆地耕了田，有一天還一箭射了四頭鹿，岳父罵他該如何處置，他就將鹿吹回家門口。

　　這麼好的丈夫，太太還抱怨她每天要煮飯作菜而不作，丈夫勉為其難的接過鍋子，卻因不擅起火，燒了房子，只剩下一棵芭蕉樹。

　　現在族人都以芭蕉的纖維來起火，並說因為芭蕉是雷神的化身，所以容易起火。

　　本傳說故事敘述下凡嫁給凡間女子的雷神，因為其妻抱怨其不煮飯煮菜，他勉為其難的下廚房，因為他不擅於起火，故把房子給燒了，只剩下一棵芭蕉樹。

　　則雷神也不見，可能他變成了芭蕉樹。據說古代賽夏族人是用芭蕉樹的纖維來取火的，因為芭蕉樹是雷神的化身，所以非常容易接引火苗而燃燒。

貳、賽夏族粟的傳說故事

陳春欽〈向天湖賽夏族的故事・雷女出嫁〉載：②

　　　　從前我們賽夏人，不曉得種小米dada，當矮人taai在世時，由雷公vewa傳授給我們的。雷公教我們將葫蘆kalare成熟後切開來，裡面就有小米的種子，將該種子拿來播種就長成小米。

　　　　雷公最先將這方法傳給一個年輕人taing。taing的母親已逝，父親雙眼失明，又沒有兄弟姊妹。

　　　　他的父親為taing求親，人家都不答應，都譏笑他沒有母親，沒有兄弟姊妹，父親又是瞎子。

本故事是賽夏人種植小米的源起，其情節如下：

一、古代賽夏族人不知道種植小米。

二、賽夏族人開始知道種植小米是在矮人taai還在世時，當矮人還沒有被賽夏族人消滅的時候。

三、賽夏族人種植小米是得之於雷公之傳授。

四、雷公最先傳授種植小米的人是叫taing的年青人。

五、雷公傳授種植小米的方法是，把葫蘆切開就有小米種子，以此播種之。

六、taing沒有兄弟姊妹，母親已歿，父親眼瞎，未婚。

按葫蘆生小米的母題，布農族亦有類似的傳說故事。

《生蕃傳說集》，佐山融吉、大西吉壽著（1923），余萬居譯：③

> 古人採集樹果，草葉維命，有一天，來了一隻狐狸，在斷崖下拉屎。不久之後，狐屎底下竟然冒出一草，祖先們奇之，但也未加理會。草長高，結了穗，祖先們試食之，覺得其味美極。於是，祖先們立即將之攜回，由所有社眾分植之，這便是現在的粟。

本故事涉及到遠古時代初祖最初的原始生活是「採集樹果，草葉維命」，其後才發展為定耕農業，人類的飲食文化才邁進了一大步。

本則傳說謂初祖開始種「粟」的由來，源於「狐屎」長出奇妙的粟苗。族人看見一隻狐狸，在斷崖下拉屎，其後拉屎的地方，冒出一草結穗，祖先們試食其穗，味道美極，乃攜回分給族人們種植，他們種植的就是現在的小米。

從此，族人便開始了農業之耕作，這是人類從採集到農耕重要的里程碑。從本則故事來看，狐狸也會以小米為食物。

又載：④

> 某人見到小鳥歸來，以小石擲之，小鳥大驚，掉頭飛走，但是，牠喙中所含的東西均落地上。那個人未曾見過那種東西，好奇之餘把它拾起，拿回去栽培，結果，竟是美味的粟。……

這則傳說謂「粟」的由來，源於小鳥歸來，有人以小石頭丟擲之，小鳥驚懼，喙中所含的東西掉落於地上，那人好奇，拾起來帶回家，栽培之即為今美味之「粟」。

《台灣の蕃族》，藤崎濟之助著（1930），黃文新譯：⑤

> 最早之祖先，只有男女二人，一日，有一小鳥，飛來岩上頻啄而啼鳴，二人前往細看，發現黃色有粒穀，

恰好岩旁有一古舊鹿角，就用它來耕多泥土之處，並拿
小黃穀粒播下，不久長出芽，生出穗，得到許多穀物，
試之美味可口，由此為耕作之源，其穀物即為粟。

本則故事，「粟」為小鳥飛來岩上首先發現，頻逐而啼鳴，
而被賽夏族男女始祖二人看見，不知為何物，前去細看，發現有
黃色穀粒，並播下多泥土之處，後來結穗，獲得許多穀粟，試吃
穀粟，美味可口，於是就開始耕種粟種，開啟農業的先機。

本故事提及農業耕作工具的發明，「恰好岩旁有一古舊鹿
角，就用它來耕多泥土之處」。賽夏族的祖先以鹿角掘土播下粟
種。

按鹿角為賽夏族的祖先第一個發明的農業工具，鹿角曾經是
賽夏族人最好的傳統工具，一直到了日據時代，賽夏族人還是使
用鹿角挖土耕種。直到漢族鋤頭、小鍬等鐵器工具傳入賽夏族社
會之後，賽夏族人才開始使用了比較現代化的農耕器具。

林道生《台灣原住民族口傳文學選集》：⑥

　　從前，賽夏族的祖先剛出現在世界的時候，唯有
男、女二人，他們到底吃些什麼並不清楚。

　　有一天，一隻普斯鳥puusu飛在屋前的岩石上，頻頻
啄食又啼叫，聲音婉轉，甚是快樂。兩人便走到岩石那
邊一探究竟，原來是黃色的小穀粒。

　　這時，他們又看到旁邊地上掉落著鹿的老角，順手
撿起來在地上畫了幾下，沒想到，剛才拿在手裡的穀
粒，也在無意中掉落在地上泥土裡，再也撿不起來。

　　數日後，在草地裡發出了植物的新芽，一天天的成
長，數月後開花結成穗，他們得到了不少的穀物，試著
用嘴去咬它，竟是那麼地美味。

　　從此，賽夏族人便知道了，以此穀物來播種、收

穫。這就是賽夏族人耕作的起源，其穀物便是今天的小
米。

本則故事與上則故事相同，發現粟米都是緣於鳥類，並亦述
使用鹿角為工具。惟上則故事沒有指稱是什麼鳥啓發了人類種植
粟米；本故事則指出是一隻普斯鳥puusu鳥啓發了人類種植粟米。

本故事是一則賽夏族始祖開始種植作物的傳說，始祖因為普
烏斯puusu小鳥的啓示，發現了穀物的種子播種之，這種穀物就是
小米，自此賽夏族人開始從事農業耕種。又在此同時，始祖也發
現了農耕的工具鹿角。

本故事敍述情節如下：

一、屋前的岩石上，有一日，飛來普烏斯puusu小鳥頻頻啄食
　　又啼叫，看起來非常快樂滿足。

二、男、女始祖二人很好奇，走到岩石上看看，原來普烏斯
　　puusu小鳥啄的是黃色的小穀粒。

三、男、女始祖二人又看到旁邊地上有鹿的老角。

四、男、女始祖二人撿起鹿的老角在地上劃幾下，而拿在手
　　裡的穀粒掉落在地上泥土裡。

五、男、女始祖二人用鹿角在地上劃幾下的地方，數日後，
　　發出了新芽。

六、數月後，新芽一天天地成長，開花結成穗。

七、男、女始祖二人得到了不少的穀物。

八、穀物吃起來非常美味，從此，賽夏族人便開始種植這種
　　植物。

九、男、女始祖二人發現的穀物就是今天的小米。

《番族慣習調查報告書第三卷賽夏族》載「耕作的起源」：⑦

　　古時候我們的祖先出現在世界上時，只有男女二
人，他們不知道要吃什麼維持生活。但是有一天pe:es（比

麻雀小的鳥）飛到岩石上，頻頻邊啄東西邊啼叫。二人到那裡仔細一看，原來牠是在啄小粒的黃色穀類。是時恰有老鹿角掉落在那塊岩石的旁邊，他們就用鹿角耕作土多的地方，播種這些穀粒。過了幾天穀粒發芽，並且漸漸成長，結成很多穀穗，二人試嚐，覺得味道甚美。從此便播種該穀粒，也就開啓了收穫穀穗的方法，這就是耕作的起源。相傳當時的穀粒就是今日的小米，其後經過好幾個世代，有一條溪流附近長出二、三株稻子。我們的祖先看到叫做pe:es的小鳥啄該穗，就拿來試嚐，因覺得味道比小米更好，最後便以耕作稻子來代替小米。

本則故事敘述賽夏人原始獲得粟種的緣起是得自pe:es鳥之啓示，從此開啓了初始農業的雛形；後來又得自pe:es鳥之啓發，又發現了稻種，從此便以耕種稻米為主要農業經濟生產。本故事也兼述了賽夏族人古代耕農曾經使用過「鹿角」為工具。

參、賽夏族稻的傳說故事

傳說賽夏族人的稻米原來是老鼠的食物，後來人們獲得老鼠的啓發，便開始種起稻米來了。

陳春欽〈向天湖賽夏族的故事・老鼠的食物〉載：⑧

本來我們賽夏族不知道種米，即使稻米在我們周圍的雜草叢內生長，我們也不知道去拿來種。

從前有一個日姓的小孩，每天早晨到外面玩時，都看到老鼠在某處留戀不去，人來了也不跑。小孩感到很奇怪，就回家告訴他的父母親，說要將老鼠打死，父親阻止他這樣做，要小孩帶他去看看。

到外面看到老鼠在吃稻穗，……大人乃將這些稻穗取下來，去殼後拿一些給老鼠吃，其餘的曬乾之後拿去

播種。這些稻子低垂而快成熟的時候，老鼠又成群光顧了，這時小孩的雙親就想：老鼠可以吃的東西，人當然可以吃，就將這些稻子割下來。

當收割完畢才發現，原來有兩種稻：一種是有毛的，一種是無毛的，去殼後，有毛的的穀粒成白色，無毛的穀粒為紅色。就將它分開來春，春好煮熟後就拿來吃。全家人先吃紅色的米，覺得比小米dada好吃，當要去抓白色的米來吃的時候，米卻黏在手上，大家吃了覺得白色的米比紅色的米好吃。並將煮好的米送一些給老鼠吃。此時，這家人才說：「如果當時我們將老鼠打死，我們也不知道種稻米了，我們不曉得什麼是稻米，從什麼地方要種子，以後我們要留一些給老鼠吃才是」。

最初只有一家種稻米，鄰居的人都不知道。這一家也一直瞞著，等到第二年收割比較多的時候，才請鄰居來品嚐，這家主人看到鄰居們吃得津津有味，就開口問道：「白色的米好不好吃？」大家正當覺得好吃，也不回答主人的話，只是偷偷地笑起來，原來大家都知道這是老鼠吃的東西，居然有這麼好吃，都覺得很開心，經主人一問，大家都拍手鼓掌道：「老鼠帶給我們的米，居然有這麼好吃，我們要回去種，明年就可以有米吃了」。

主人將米用小竹瓶裝著，來參加的鄰居回去的時候，每人都帶了一竹瓶，主人當鄰居要回去時，就吩咐他們：「我送每人的米，雖然很少，但播種收成時會很多，播種時要分開一點，不要太緊密，現在我已將米送給你們，你們回去種不種是你們自己的事了，播種後要除草，如果稻草成熟了，就要趕快收割，否則會壞掉」。

鄰居之人就回去播種，之後我們賽夏人才知道吃

飯，一直傳到現在。

　　本則故事敘述的非常可愛，也說明了賽夏族人種植稻米的源起。傳說賽夏族人的稻米原來是老鼠的食物，後來人們獲得老鼠啓示，開始種起稻米。

　　按日據時住在平地平原附近的賽夏族人，較早於北賽夏族人在水田中種植水稻，以大米爲主食。北賽夏族人食以農產雜糧爲主。⑨

　　本故事敘述的人物類型有三種：

一、發覺者：稻米的種子是「日」姓小孩子發覺的，是農耕史上的關鍵人物。

二、後知先覺：是「日」姓小孩子的父母，同時也是實踐者，他們把老鼠的食物播種之，然後實驗試食，發現了新的美味食品。他們是開啓播種稻米最重要的人物。

三、先知後覺：是指左右隔壁鄰居人家，他們早於「日」姓小孩子的父母知道「稻米」是老鼠的食物，卻不知種植試吃，等到「日」姓一家請他們來品嚐，才發現原來老鼠的食物非常可口美味。

　　本故事敘述情節如下：

一、古代賽夏族人從來不知道種植稻米。

二、稻米的種子是一個姓「日」的小孩子發現的，開啓了古代農業耕作另一嶄新的契機。

三、「日」姓小孩子把他看到屋外「老鼠在某處留戀不去，人來了也不跑」之奇異的事告知其父母。

四、小孩帶著父親到場去看，豁然有重大發現，他們看到老鼠在吃稻穗。

五、父親將稻穗取下去殼，「拿一些給老鼠吃，其餘的曬乾之後拿去播種」。

六、播種的稻子結穗成熟了，老鼠開始來吃。

七、父母親推理「老鼠可以吃的東西，人當然可以吃」。

八、父母親把稻子割下來，發現稻子有兩種品種「一種是有毛的，一種是無毛的，去殼後，有毛的的穀粒成白色，無毛的穀粒為紅色」。

九、他們把兩種品種的米「分開來舂，舂好煮熟後就拿來吃」，「全家人先吃紅色的米，覺得比小米dada好吃」，再吃黏黏的白米，「大家吃了覺得白色的米比紅色的米好吃」。

十、最初只有「日」姓一家人種植稻米，鄰居都沒有察覺，「日」姓一家人也一直隱瞞著。

十一、第二年「日」姓一家人收割比較多的時候，才請鄰居來品嚐，看到大家吃得津津有味。

十二、主人非常開心，便問「白色的米好不好吃？」鄰居們沒有回答，「只是偷偷地笑起來，原來大家都知道這是老鼠吃的東西，居然有這麼好吃」。

十三、左右鄰居們都決定要開始種植稻米，賽夏族稻米文化於焉開展。

本故事「日」姓小孩子的父母之人格：

一、具有悲天憫人的情性：當小孩子看到老鼠「在某處留戀不去，人來了也不跑」，便跑回家告訴父母親要將老鼠打死，父親阻止他這樣做。結果發現了稻米種子，帶給人類新的食物。

二、具有回饋的心：父親發現稻米種子「將這些稻穗取下來，去殼後拿一些給老鼠吃，其餘的曬乾之後拿去播種」；又播種結穗後試吃覺得很好吃，「並將煮好的米送一些給老鼠吃」。

三、具有感恩的心：「如果當時我們將老鼠打死，我們也不知道種稻米了，我們不曉得什麼是稻米，從什麼地方要種子，以後我們要留一些給老鼠吃才是」。

四、具有分享喜悅的心：「等到第二年收割比較多的時候，才請鄰居來品嚐，這家主人看到鄰居們吃得津津有味」。

五、具有無私的心：「主人將米用小竹瓶裝著，來參加的鄰居回去的時候，每人都帶了一竹瓶」，這是給鄰居準備種植用的。

六、具有傳承經驗的心：「播種時要分開一點，不要太緊密，……播種後要除草，如果稻草成熟了，就要趕快收割，否則會壞掉」。

《生蕃傳說集》，佐山融吉、大西吉壽著（1923），余萬居譯：⑩

　　……現在的稻，是有一次山崩時，突然在崩塌處長
出來的。以其為種，一直延續至今。

本故事敘述賽夏族人發現稻子的種子，是在「有一次山崩時，突然在崩塌處長出來的」，賽夏族人將這一次發現的種子，播種之，即為今日之稻種。

肆、賽夏族釀酒的傳說故事

在賽夏族裡，傳說「酒」導源於鬼靈，陳春欽〈向天湖賽夏族的故事〉載「鬼靈與山地酒」：⑪

　　以前我們上山打獵，都是由鄰居的人組織一個獵
隊，到山上時有一部分人守著山豬，防它跑掉；一部分
人就在後面窮追，當快追到的時候就用箭來射，並用刀
去刺。

　　有一次，當一隻山豬已被我們用箭射到，當要用刀去刺的時候，山豬就鑽進山洞裡面去了，一位潘姓saawang的獵人dikalu趕緊跟著也鑽了進去，卻看不到山豬，只見到一位婦女在那裡面，原來是他已逝兄嫂的鬼靈haven，同去的獵人怎麼找也找不到dikalu、和山豬。原來dikalu和山豬已被鬼靈帶走了。

　　這位潘姓的獵人被鬼靈帶走之後，整整有一個月的時間和鬼靈生活在一起。吃的是鬼靈向我們要的米，經過了一個月，dikalu也不想回家，鬼靈就帶著他去打獵，鬼靈每次打獵都是打到賴蛤蟆kakule，他卻每次都打到山豬walisan。

　　鬼靈看了很氣，原來山豬是鬼靈的獵狗，他每次對準kakule射去，都會射到山豬，使得鬼靈的獵狗愈來愈少了。鬼靈想到這位潘姓的獵人，吃的東西和獵到的獵物，都和我們不一樣，就要趕他回去。

　　因此，眾鬼靈就集合起來開會，有一鬼靈在會中提議說：「當dikalu回去時，要經過檢查，不要讓這個人將我們的好東西偷了回去」。

　　從前我們賽夏人沒有穿衣服，只有一條丁字帶makboulu，將下部遮蓋起來，從前我們賽夏人也不知道喝酒，我們用來釀酒的酒麴ili，就是這位潘姓的獵人dikalu，從鬼靈那邊帶回來的。

　　當dikalu和鬼靈生活在一起的時候，知道鬼靈有一種ili可以釀酒，所以當他要回來時，就將ili藏在耳朵裡面，但被鬼靈搜了出來。第二次就藏在足趾中間，因為走起路來不自然，也被鬼靈搜查到，不過他還是想將ili帶回來，有一次，去小便的時候，靈機一動，想到何不將ili

藏在生殖器的包皮裡面，所以翌日，他要回去時，鬼靈怎麼也搜不出東西來，就拿飯包給他，放了他回去。

dikalu回到家，什麼衣服也沒有，因為他家人，以為他死了，就將他的衣物全部丟棄了。他的妻子一看到他回來，就一直哭，追問他到哪裡去住了那麼久，dikalu回道：「我被鬼靈捉去關了一年，現在一年已滿，鬼靈才肯讓我回家，妳不要傷心，我從鬼靈那邊帶了ili回來，將ili種了以後，就有酒好喝了」。因此他們夫婦倆人就將ili播種在旱田裡，一年以後，就把ili採下來曬乾，拿來放在糯米之中，六天之後就可以喝了。

dikalu將酒釀好後，就在家人出去工作回來的當天晚上，用竹杯裝酒，請全家人喝，家人認為這是從鬼靈那邊拿回來的，所以不敢多喝，只喝了一杯，喝過不久覺得頭暈，dikalu就叫他們睡覺。

次晨醒來，家人覺得身體很舒服，就要自己再喝，dikalu上前阻止說：「等到晚上，大家工作回來再喝」。當天晚上，每人就多喝了一杯，結果都喝醉了，就唱起歌來，漸漸將歌都唱亂了，dikalu要大家去睡覺，不要外出以免跌倒。

第三天晚上，dikalu請鄰居的人們（不分男女老少）都來喝一杯，當大家喝完要回去的時候，dikalu吩咐鄰居的人們，如果喝醉了，不要再到外面去。鄰居的人覺得，這樣一天工作之後，喝一點酒會解除身體的疲勞，對身體很好。dikalu將ili送給他們，每家人自己去種，一年後收了ili，曬乾並開始釀酒，請鄰居去品嚐，看好不好喝。一直到現在還是一樣，酒釀好之後，要請大家去嚐嚐好不好喝。

　　這是一則賽夏族人釀酒史的起源論，賽夏族人造酒的ili，源於鬼靈。dikalu偷盜的過程非常精彩，費盡千辛萬苦，終於偷盜出來。

　　賽夏族人古代釀酒的時候，都要請人家嚐嚐好不好喝，一直到現在這種習俗未曾改變。

　　本故事之情節敘述如下：

一、族人上山狩獵，追逐一隻山豬，用箭射及用刀刺，但是山豬鑽進山洞裡面去了，獵人dikalu也跟著鑽進去了。

二、其他獵人遍尋dikalu和山豬，原來dikalu和山豬已經被鬼靈帶走了。

三、dikalu進入山洞裡（鬼域），找不到被刺殺的山豬，但是他看到了已經去世的兄嫂的鬼靈haven。

四、dikalu和鬼靈生活在一起經過了一個月他不想回家了，想要繼續留在那裡生活。

五、鬼靈帶他去打獵，他每次都打到山豬walisan，但是鬼靈很生氣，因為山豬是鬼靈的獵狗。每次都是如此，因此鬼靈的獵狗愈來愈少了。

六、鬼靈愈來愈不喜歡他，因為他「吃的東西和獵到的獵物，都和我們不一樣，就要趕他回去」。

七、鬼靈趕走dikalu回到凡間，要經過仔細的檢查，不讓其偷走任何鬼靈的東西。

八、當dikalu要走的時候，將鬼靈可以釀酒的酒麴ilk藏在耳朵裡面，但是被鬼靈搜了出來被沒收了。

九、當dikalu第二次要走的時候，把ilk藏在足趾中間，但是因為他走起路的時候很不自然，又被鬼靈搜查到又被沒收了。

十、當dikalu第三次要走的時候，把ilk藏在生殖器的包皮裡

面，終於帶出了鬼域，把ilk帶到人間來了。自此人們開始種植ilk來釀酒。

伍、豐榮景象的飲食傳說故事

遠古人類的生活，大部分的時間應該都是用在尋找食物以求溫飽，但是台灣原住民大多有豐榮景象的生活傳說故事，這個現象或許說明了一些古代台灣食物的訊息：

一、古代獲取食物非常方便，樹果到處都是，採摘甚為便利。

二、古代野生動物很多，隨處即可見到野獸，甚至野獸就在人的身邊到處游走與人生活在一起，人類狩獵野獸非常容易。

三、人類因為日夜不停的找尋食物，不能說是不苦，因此創造了一個理想的豐榮景象，作為期許與願望。

四、塑造飲食倫理文化，敬惜食物；謹守社會規範與實踐。

五、撻伐違規觸犯禁忌者。

《生蕃傳說集》，佐山融吉、大西吉壽著（1923），余萬居譯：⑫

　　……當時只要播下一粒粟種，就能夠有兩斗以上的收成。……

傳說古代賽夏族人並不需要一片廣大的小米田來種植小米，因為當時播下一粒小米的種子，就能夠有兩斗以上的收成，所以不需要龐大的小米田，就能夠溫飽家人一年食物的份量。

《台灣の蕃族》，藤崎濟之助著（1930），黃文新譯：⑬

　　很久很久的古時，也就是猴子還是人的那一個時代，人們的生活非常寫意。要煮粟的時候，就自然地有水湧出來，要燒火時，就自然地薪柴走來自動燃燒，要

吃肉的時候，就自然地有山豬走過來留下一根毛，把那一根煮一煮，就是一滿鍋香噴噴的肉。可是，突然有一個人想屠宰山豬，山豬大怒，說：「你們人，全是恩將仇報的壞蛋！從今以後，你們就是喊啞了喉嚨，也休想我會出來，我還要把你們辛苦耕耘的農作物弄得一塌糊塗！」說完就走進山中深處去。其後山豬絕不接近村子，其他獸類也都躲進山中去了，非得去打獵就吃不到獸肉。

本傳說故事敘述賽夏族人豐榮景象的古代生活如下：

一、賽夏族人豐榮景象的生活是「猴子還是人的那一個時代」，可見是很久遠的年代了。按賽夏族人傳說猴子原來是人類，後來有些人變成了猴子。

二、族人煮飯，地下自動湧出水來，族人不必去挑水。

三、族人煮飯用的柴火會自動來到灶火裡，人們不用上山砍柴。

四、吃山獸肉，只要拔一根毛來煮，就能煮成一滿鍋的肉，家人就可以盡情的享用山獸肉。

賽夏族人豐榮景象生活的破滅：

一、人類自己破壞了秩序與規則。

二、少數人的違犯倫理，以致全族人受到集體懲戒。

本傳說故事的教育意義：

一、幸福的生活得來不易，大家必須要珍惜與感恩。

二、遵守倫理秩序與規則，才能掌握幸福的持續性。

三、一個群體只要有少數違犯者，幸福隨即被天神剝奪，不可不慎。

陸、賽夏族偏嗜飲食傳說故事

《生蕃傳說集》，佐山融吉、大西吉壽著（1923），余萬居譯：⑭

　　　　古時，社人有每晨大便的習慣。奇怪的是，那些大便都會在人不知鬼不覺之間消失無蹤。

　　　　有一天，有個人特地看守著大便，這才知道，原來是社裡來了個叫做tabutaberas的小孩，到處吃人糞。

　　從本則傳說故事中來看，賽夏族古代社會也存在著許多各類性情偏嗜的人，例如本故事中的小孩tabutaberas，他就是專門到處吃人糞的小孩。

【註釋】

① 內政部委託台灣大學人類學系研究《台灣山胞各族傳統神話故事與傳說文獻編纂研究》，1994.4.30。

② 陳春欽〈向天湖賽夏族的故事〉，載於《民族學研究所集刊》廿一，1966春季，中央研究院民族學研究所。

③ 同①。

④ 同①。

⑤ 同①。

⑥ 林道生《台灣原住民族口傳文學選集》，花蓮縣立文化中心，1996.6。

⑦ 黃智慧主編《番族慣習調查報告書第三卷賽夏族》，中央研究院民族學研究所編譯，1998.6。

⑧ 同②。

⑨ 田哲益《台灣的原住民賽夏族》台北，台原出版社，2001.8。

⑩ 同①。

⑪ 同②。

⑫ 同①。

⑬ 同①。

⑭ 同①。

第十六章

賽夏族身體裝飾口傳文學

壹、賽夏族文面與文身藝術

(一) 賽夏族文面

　　賽夏族人與泰雅族人世代毗鄰而居，而且互為通婚，因此兩族在物質文化上有相當程度重疊的現象，亦即兩者之間非常相似，有時候兩者之間還真的很難分辨得出來。

　　台灣原住民身體裝飾，除了泰雅族和賽夏族將刺墨刺文於面部上，是台灣原住民身體裝飾刺文文化非常特殊與突出的兩個民族。

　　至於賽夏人文面的習俗，有些人認為是向泰雅族人學習，有些人則認為是賽夏族人自己發展的結果，有些人更認為是從平埔族道卡斯族人中傳入。

　　到底賽夏人文面的習俗，緣於何時？何地？眾說紛紜，莫衷一是。不過以賽夏人之文面傳之於泰雅族的說法較為普遍。

　　《生蕃傳說集》，佐山融吉、大西吉壽著（1923），余萬居譯：①

　　　　我們的祖先，古時未曾刺黥，是看到泰雅族的墨黥
　　太美、太壯了，所以才仿效他。

　　本故事謂賽夏族的祖先古代是沒有施以文面的，他們看到了泰雅族文面的圖案，覺得太壯美了，所以仿效泰雅族，開始文面。

　　何廷瑞〈台灣土著諸族文身習俗之研究〉，《考古人類學刊》（1960）：②

　　　　其祖先原本無紋身習俗，但因常被強鄰泰雅族誤認
　　為平地人而獵頭，於是兩族協調採用刺面為族徽，此後
　　才免災害，此習俗因此流傳。

　　本故事很明白的說賽夏族的祖先古代是沒有文面、文身的，因為常常被泰雅族人誤認為是漢族人而被馘首，於是與泰雅族人

商量，賽夏族人亦於面上刺文為標誌，如此才能免遭誤殺，因此賽夏族人也開始文面、文身。

按賽夏族人曾經與泰雅族人有過「攻防聯盟」，所以，賽夏族的文身、文面，可能就是在那個時候，獲得了泰雅族人的同意，賽夏族人開始了文身與文面，也變成了賽夏族人特殊的文化。

因此，文面是賽夏族與泰雅族兩族區別敵我的傳統族徽，泰雅族人外出馘首，只要見到有刺文的賽夏族人，就不會誤殺。

賽夏族人文身、文面具有相當重要的意義與價值，因為文身、文面是生命安全的保障。

按朱鳳生先生說：「文面」乃是圖騰的標誌，泰雅肯讓賽夏族仿他們刺面，是賽夏族和泰雅族有通婚聯婚的關係：③

> 本族早於滿清中葉即與前山的泰族：麥巴萊社、十八兒社、西熬社、白蘭社，即有子女聯婚。因為本族嚴守氏族外婚制的法則，及同姓與同族氏族間是禁婚的。本族居住之地，多與前山泰雅族接近，禁婚之例尤嚴，本族的族民逐漸減少，故常與鄰近的泰雅族女子通婚，例如生於清同治五年趙明政（達路・吾茂）的妻子為十八兒社頭目巴隘拍蘇的妹妹。在北埔事件中，大舅為了挽救妹夫，以大義滅親的好心特錯，主動把外人遺孤的乾兒子送推來替代達路・吾茂到北埔自首送命。筆者（朱鳳生）祖父生於光緒年間，即娶十八兒社頭目姪女為妻。麥巴萊社的姥姥也在嘉慶年間，就嫁給本族的趙家媳婦。白蘭社民國初年，好多的白蘭社女孩願嫁給本族與前山泰族的青年郎。

何廷瑞〈台灣土著諸族文身習俗之研究〉，《考古人類學刊》（1960）：④

> 本族無施術者，族人之施術均向鄰族泰雅族聘請。

　　本傳說謂最初賽夏族人剛剛開始文身、文面，族裡沒有會施術的人，都是請泰雅族人幫他們施以刺墨。

　　又載：⑤

　　　　因聘請泰雅族人施術，所以所用的工具顏料或技術與泰雅族同。

　　本傳說謂因為賽夏族人的文身術，其技術、工具、顏料等都來自泰雅族人，因此兩族的刺文文化相似。

　　　　賽夏族祖先本無刺墨之俗，因為強鄰泰雅族，常經我們地方去出草，每被誤殺，泰雅族勸我們，不如學他們刺墨在面上，以相識別，我們絕不相殺。

　　本傳說故事謂泰雅族人請求賽夏族人學習泰雅人文身、文面，如此才好識別，文身、文面之後，就不會誤殺了賽夏族人。

　　朱鳳生《賽夏人》：⑥

　　　　我們也從泰雅族學了他們刺面之說，此論點，其實始於大隘社，總頭目趙明政之長女「居瓦斯達路」，嫁給客籍男孩，有一天在山上和家人採茶時，被石鹿社泰雅族出草。即使該婦女用泰雅語大聲喊說：「我是原住民『達路吾茂』的女兒，請不要殺我！」但是蠻橫的石鹿泰雅照樣弒首出草。

　　　　此後，趙明政軍師為女兒報仇，經常暗通日人警隊率帶賽夏與前山泰雅籍壯丁討伐殺害漢人之石鹿泰雅雅。使得他們居處不定，時時遷移，並且哀聲載道傳話，請賽夏族民在臉上刻刺黥面，男上下額畫一條線，女孩上額畫一條線。

　　本傳說故事因為石鹿泰雅族人誤殺了賽夏族總頭目趙明政嫁給客家籍之長女「居瓦斯達路」，趙明政為女兒報仇，經常討伐石鹿泰雅族人，弄得他們居處不定，時時遷移，而要求賽夏族人

文身、文面，這樣就不會被誤殺了。

（二）賽夏族文身

賽夏族男子在胸前刺黥稱爲enokalanu，非常特殊，賽夏族男子獵過兩個首級，才有資格刺之，在胸前左乳下肋骨處黥一道紋，獵過第三個首級者，再在右乳下肋骨處黥一道紋，左右對稱。往後如再有斬獲，依次再加黥紋，以表彰其勇武。⑦

日據時總頭目趙明政taro a umao的胸紋，左右各有三道胸紋。男子一般刺前額首下頷，僅有特別英勇或對部落有特殊貢獻者可刺胸紋。早期規定刺胸紋十二條。刺胸紋的條件，據大隘社擁有六條胸紋的著名頭目taro a umao，在一九一〇年接受訪問時提到：「胸紋是戰績表彰（最重要是馘首），有的場合須由頭目及長老協議後，公開許諾給有戰功者；一次加一線，最多的例子爲三對橫線上，再加三對縱線共十二條。我得到公認的戰勳爲馘首十五個，但僅僅刺六線，我知道要再加一線不是容易的事」。（成田武司，1912）

貳、賽夏族拔牙缺齒

賽夏族成年有「拔牙缺齒」的習俗，拔牙稱爲bwa ganebun，賽夏族到了成年無論男女都要行之。也就是男子在成年禮之前約十五、六歲時，將上門牙拔掉兩顆，女子打去犬齒一對，以表示其勇敢成熟之氣，這是南島語系民族中常見的習俗，據說過去拔牙的時候，經常必須用大木臼壓住，以免拔牙過程中，無法忍受而逃脫。在賽夏族社會男子十五歲即爲成人。拔牙的方法是以小木片一塊，令受術者，銜於上下齒間，露出牙齒，施術者左手持燧石一塊，右手持小鐵鎚一具，以燧石對準擬打去牙齒之根部，以小鐵鎚用力打擊之，牙落後，以爐灰擦於傷口以止血。事後，受術者養臥靜養兩日，其家人以米、酒、貝珠贈送施術者，以爲謝禮。⑧

參、賽夏族穿耳

據宮本延人賽夏族男女皆在十歲左右穿耳洞，並帶耳飾。賽夏人婦女常用貝質耳軸與耳版或貝珠耳墜。據《台灣省通志》卷八〈同冑志〉第五冊賽夏族篇：男女皆在出生後，第一次冬季顚積雪時，舉行穿耳手術稱爲ampusa kasalel。其法以針刺耳輪，留線於孔中，一個月後抽去線，易以銅絲，再過一個月，復易以茅杆，逐次加粗，以後更易以竹管，成年禮以後即帶耳飾。……約在三、四歲時穿耳，將竹製耳飾嵌於耳孔，以保持耳孔不再閉合。⑨

過去賽夏族人，不論男女，至十歲左右，皆必須穿耳洞。穿耳洞也多在冬天，穿時先用霜抹在耳垂，使耳垂冰凍冷卻，或用薑摩擦耳垂，使之麻痺後，再以縫衣針穿孔，並留置一條線，以免癒合。（佐山融吉，1920）拔牙日據時被禁止而完全廢止。

肆、賽夏族除毛與修眉挽面

成年男子以鐵夾子夾去邊髮、鬍鬚及體毛。女子以木灰塗於面，以線絞去面毛，並修拔眉毛成峨嵋，一如漢族。除了美觀效果之外，還有象徵成年。

除毛分爲兩種。拔眉毛稱爲minbi oes；過去男、女成年後，皆喜好將眉毛拔成新月形。（佐山融吉，1920）拔臉毛，主要是女子爲之，做法爲用手絞線，拔掉臉上細毛。

唯據宮本延人《台灣的原住民族》不論性別，到了青春期，都要將眉毛拔成新月的弓形，女子則以細線拔除臉毛，但這種習俗，並不適用於全族，而是在部分地區適用。目前穿耳、拔牙的方式，隨著現代審美觀念，過去全族性的成年象徵作用已不存在，美化個人的目的才是主要因素。⑩

【註釋】

① 內政部委託台灣大學人類學系研究《台灣山胞各族傳統神話故事與傳說文獻編纂研究》，1994.4.30。

② 同①。

③ 朱鳳生《賽夏人》，新竹縣五峰鄉賽夏族祭典管理委員會出版，1995.10。

④ 同①。

⑤ 同①。

⑥ 同③。

⑦ 《台灣省通志》，卷八〈同冑志‧賽夏族〉，台灣省文獻委員會，1972.6。

⑧ 田哲益《台灣的原住民賽夏族》台北，台原出版社，2001.8。

⑨ 同⑧。

⑩ 同⑧。

第十七章

賽夏族婚姻口傳文學

壹、賽夏族婚姻傳說故事之分類

賽夏族人的婚姻口傳文學，可以大致分類爲「神與凡人結婚」與「兄妹創世婚」兩類：

（一）神與凡人結婚

神與凡人結婚此類故事大多敘述「神」有異於常人的能力，從事農耕往往事半功倍，狩獵捕抓野獸亦是如此。惟神則有特殊的禁忌，例如「雷神與凡女結婚」，雷神就不能夠從事廚房燒飯煮菜的工作，有一回，祂勉強起火，結果把房子給燒了，只剩下一棵芭蕉樹，雷神也消失了。

又如「雷女與凡人結婚」，因爲雷女和taing結婚已經有三年了，仍然沒有生兒育女，因此taing的父親想著是不是因爲waung（雷女）沒有摸過鍋子，沒有下廚房煮飯煮菜過，所以不能生孩子，因此勉強她下廚房煮飯煮菜，雷女推辭不過，廚房一聲巨響，一顆芭蕉樹在廚房裡已經伸到屋頂外面去了，雷女也不見了，原來雷女不能摸鍋子，她只好跑回她父親雷公那裏去了。

「雷神與凡女結婚」與「雷女與凡人結婚」的故事，都敘述了「雷神」、「雷女」都是不能從事與廚房有關的工作，尤其禁忌「火」及「鍋子」等。

「海底女與凡人結婚」，海底女是一位織布專家，她教授賽夏族婦女織布，不過被不肖的學生流言中傷，海底女返回海底娘家。

賽夏族人的凡人與神結婚的故事，都是象徵幸福美滿的幻滅。當然人一生的幸福是要靠自己去追求與爭取，假藉外力給予的幸福與美滿，並不是永遠保證持續存在，有情的世界實在是太奧妙了。

（二）兄妹創世婚

兄妹創世婚此類傳說故事大多敘述遠古創世始祖，爲了要創

生繁衍後代子孫，不得不兄妹結婚，以傳衍後代。

　　此類傳說故事大多報以肯定的看法對待，比較少有指責與攻伐，因爲這是不得已的權宜之策。

　　如果對於創世「兄妹始祖」而有撻伐，那就不近人情了，因爲有他們的犧牲，宇宙大地才有如今所謂的「人類」。

　　因此對待此類「兄妹創世婚」的傳說故事，應該給予肯定與讚揚，他們才是眞正具有高度的潔操與關懷的人。應該值得緬懷與紀念。

貳、賽夏族神與凡人結婚傳說故事

(一) 雷神與凡女結婚

　　〈高砂族の雷神と蛇（二）〉《人類學雜誌》（1925），佐山融吉著，劉佳麗譯：①

　　　　從前，雷神降臨下界變形成叫riwaina男子。他入贅一戶人家。……這麼好的丈夫，太太還抱怨她每天要煮飯作菜而不作，丈夫勉爲其難的接過鍋子，卻因不擅起火，燒了房子，只剩下一棵芭焦樹。……

　　本傳說故事說明賽夏族人是把神人格化的，認爲神也可以和凡間的人相互通婚，本故事的雷神下凡人間，是入贅到一戶人家。

(二) 雷女與凡人結婚

　　賽夏族古代有一位青年與「雷女」結婚的的傳說故事，陳春欽〈向天湖賽夏族的故事・雷女出嫁〉載：②

　　　　從前我們賽夏人的婚姻是互相交換的，如果要娶別家小姐，必須自己有姊妹可以嫁給對方的兄弟，taing因爲沒有姊妹可以跟人家交換，所以到處求親，別人都不答應。

　　taing每天早晨天未亮就起身，點著火到山上去工作，種甘藷、小米。有一天，看到猴子在旱田裏，以為猴子一定會吃他種的甘藷，心裏一急，就拿起弓箭來射，雖射到了猴子，卻怎麼找也找不到。這才知道是被人家搶走了，taing決定明天一定再打一隻猴子。

　　羿晨，taing又很早上山工作，沒有看到猴子，只發現長頸鹿bi-ang，他就用箭來射，長頸鹿雖被射中，卻看見一個女人（雷女waung）將長頸鹿撿去了。taing乃上前質問waung：「為什麼要撿別人射到的獵物。」waung回道：「我並不是要將長頸鹿據為己有，我是看你背長頸鹿回家太慢了，幫你儘快將牠帶回你家屋頂上去。」

　　雷女就問taing背長頸鹿回家要多少時間，taing回答說要半天才到。雷女就請他將耳朵堵住，waung一打雷，長頸鹿同昨天所撿的猴子已送到taing家的屋頂上了。waung還說看到taing的父親在家裏燒飯。

　　waung就問ta-ing：「你獵到一猴一鹿夠了吧？」taing此時才曉得原來昨天打到的猴子也是被雷女撿去的。taing想一猴一鹿還不夠，就跟waung再向前行，發現兩隻山羊在前面跑，waung就問taing是否能同時將兩隻山羊射中，taing回道：「打獵當然要一隻一隻打，怎麼可以同時打兩隻呢？」waung才說：「你不信的話，我同時打兩隻給你看。」就請taing將耳朵蒙緊，waung一打雷，山羊都不見了，也沒看到山羊掉下來，原來waung已將兩隻山羊帶到taing家的屋頂上了。waung這時才向taing說：「天已黑了，我們要儘快回家去」。

　　在以前還未結婚的青年男女走在一起，讓人家看見很不好意思。所以taing就先回去，回到家就向他的叔母

說：「我今天到山上打獵，碰到一位妙齡少女，已經帶回來了，她現在待在半路上怎麼辦？」taing的叔母就同鄰居的女人一道出去將雷女迎回家，當天晚上taing和雷女就結婚了。

taing跟雷女結婚，他父親的眼睛忽然重見天日了，翌晨，taing的父親對著媳婦說：「妳最好先留在家裏，料理家務。」雷女回答道：「我不能摸鍋子，所以你老人家還是留在家裡煮飯，其他要做的事由我來做。」她公公推辭不過，就讓媳婦去做。

當天雷女就帶了二十隻菜刀parakau和二十隻鐮刀sauke，跟著taing到山上工作。雷女吩咐taing走在前頭，到了旱田，叫taing每距離六尺放置一隻菜刀和一隻鐮刀。

當taing在旱田將菜刀和鐮刀放好後，雷女就叫他先回家，等著雷女叫他時方出來看工作是否做好了。taing一回到家就聽到雷聲，馬上跑回旱田，原來長得很高的亂草都砍得乾乾淨淨了。

taing一看工作已完，就跟著雷女回家。taing回家就告訴他父親說：「我們兩人一點也不費力，很快就把工作做好了，所以很早就回家。」taing的父親聽了非常高興，這時才感歎地說：「以前我們父子兩人，往往過著半饑半飽的日子，現在得到了這樣好的媳婦，我的眼睛也復明了，所有的工作也依靠媳婦來做，你要好好對她才是」。

雷女和taing結婚三年後，仍然沒有生兒育女，taing的父親想到：「如果沒有孩子，以後我們就沒有後代了，是不是因為waung沒有摸過鍋子，所以沒生孩子」。

　　因此taing的父親有一天早上大約十點鍾之時,覺得肚子很餓,就勉強waung去煮飯,waung推辭不過,就對著公公vake説:「等我要你來吃飯時才進來,現在不要進來。」

　　waung去煮飯時,taing的父親聽到很大的聲音,以為發生了什麼事,就匆忙跑去著,只看見一顆芭蕉已經長在煮飯之處sibiru,芭蕉葉已經伸到屋頂外面去了,雷女也不見了,原來雷女不能摸鍋子,經taing的父親勉強她去摸。她只好跑回她父親雷公那裏去了。

　　據報導解釋,以前賽夏人煮飯不用鍋子,是用sibiru,普通人可以摸sibiru,但雷女不能摸觸它。

　　本傳説故事涉及到賽夏族人古代的婚姻方式,「交換婚」是賽夏族人最普遍的婚姻方式之一,因為古代的時候,賽夏族的人口少,所以「交換婚」成了比較有保障的男娶女嫁的婚姻方法。否則沒有可以交換者,婚事則往往不會獲得對方順利答應。

　　賽夏族人對萬事萬物都認為是有情世界的,如本則故事「人」與「雷女」結婚。雷女是一位「女神」,下嫁凡間,可見賽夏人古代的觀念「人」與「神」是可以通婚的。本則故事敘述一位賽夏男子taing與雷女在獵場邂逅的情形,雷女利用神力把獵物運送至taing家的屋頂上,免除了背載之累。雷女跟隨著taing回家,他們便成親了。③

　　雷女嫁到taing家後,公公的眼睛也復明重見天日了,雷女也用神力鋤草耕作,「雷女就帶了二十隻茶刀parakau和二十隻鎌刀sauke,跟著taing到山上工作。雷女吩咐taing走在前頭,到了旱田,叫taing每距離六尺放置一隻茶刀和一隻鎌刀。當taing在旱田將茶刀和鎌刀放好後,雷女就叫他先回家,等著雷女叫他時方出來看工作是否做好了。taing一回到家就聽到雷聲,馬上跑回旱田,原來

長得很高的亂草都砍得乾乾淨淨了」，也免除了許多勞耕之苦。④

　　只是「雷女和taing結婚三年後，仍然沒有生兒育女，taing的父親想到：『如果沒有孩子，以後我們就沒有後代了，是不是因為waung沒有摸過鍋子，所以沒生孩子。』」有一天，公公肚子餓，勉強叫雷女下廚房煮飯，雷女也不好拒絕（可見雷女是孝順公公的），但是她觸摸了鍋子（雷女是不可觸摸的），就消失無蹤了。人神的姻緣也消失了。至於一顆芭蕉長在煮飯之處sibiru，而且芭蕉葉是伸到屋頂外面去，而雷女不見了，如以阿里山鄒族神樹赤榕樹是天神下凡人間的「神梯」來解釋，則芭蕉就是雷女從天上下降凡間的憑藉，亦即雷女的「神梯」。⑤

　　《番族慣習調查報告書第三卷賽夏族》：⑥

　　　　古時候某社有一個男人有二個妻子。他不在家時妻叫妾去煮飯，但是妾推說不會煮而不去煮。正妻因此責罵妾，妾則憤而把鍋子放在爐灶上。此時，突然發出很大的聲音，有東西穿通屋頂昇上天空，正妻雖幸而無恙，但是妾和鍋子卻不知下落。有人說該妾大概變成雷了。那一家的遺址後來沒有人去住，長滿了芭蕉。

　　本傳說故事是小島由道一九一五年採錄「雷女」的故事，本故事之雷女下嫁給凡人為妾。因為她不能從事與廚房（火）有關的工作，但是正妻勉強她去下廚房，結果廚房裡發出巨響，雷女也下落不明了。

（三）海底女與凡人結婚

　　陳春欽〈向天湖賽夏族的故事〉載「水鬼的織布教授班」：⑦

　　　　以前……到山上打獵，就住在山上的小茅屋，……第一天……打獵回來，準備去煮飯的時候，忽然發現十鍋飯都已煮好。……第二天再上山打獵時，就留下一個老人看家，……老人在茅屋裡面躲了三、四個小時，發

現從海底出現了一個女人，……來到茅屋將米拿到海邊去洗，米洗完後，帶到茅屋裡用樹葉蓋起來，十鍋飯同時煮，等煮好了，該女就要回到海裡去，但她看到從茅屋裡走出一位老人，以一根bai-kuru（枴杖）阻止她回去，……她就慢慢地走回茅屋。……

老人等到大家打獵回來，……由十位老人來追問該女為什麼到這裡來煮飯，……她說：「是我父親命我到這裡來煮飯的，我父親每天外出工作到很晚才回家」。女名為kateteru。

我們本來上山打獵要住四天才回家的，因為碰到了該女，就提早回家了，一回去老人們就集會討論，這個女人要跟誰結婚，在同去打獵的年輕人中，有一位是獨生子，就將該女配給了他當太太。……

kateteru……組織了一個班來教年輕的女人織布，……兩位一代徒……講老師的壞話，kateteru聽到此事很為激動的說：「我來這裡誠心誠意教你們學織布，你們二人一點也不感謝，反而來破壞我的名譽，說我的壞話。」……

心裡想：「我住在這裡並沒有受到歡迎，還是回到海底的娘家去吧！」……kateteru去意已堅，……

當他們到了海灘上時，……她的丈夫出主意說：「我如取頭部，就得不到身體，取身體就沒有頭，由你將頭帶去，將身體留給我們好了。」

kateteru乃將孩子的頭丟到海裡，就和她的丈夫告別了，約定六天後最後一次見面，她的丈夫看到妻子已經回到海底，就將孩子的腳和身體棄置於海灘上，很傷心地回去了。

　　　　六天的約期到了，mateteru帶著孩子到海灘上和丈
夫會晤，這時她的丈夫才知道孩子並沒有死，但孩子的
腳卻只有骨頭，才知道他自己將孩子的腳丟棄在海灘上
腐爛所致，她丈夫這時又苦苦哀求kateteru同她回到山地
去，並將孩子帶回家，但女老師應了這次約，只想讓她
的丈夫知道孩子並沒有死，自己並沒有回去的意思。

　　本故事敘述海底女與凡人結婚的故事，海底女是一位織布專
家，她教授了賽夏族人織布的技藝，不過後來海底女與沒有禮貌
不懂感恩的學生起了爭執，因此堅持返回娘家海底去。

　　因為她與丈夫只有一個小孩子，因此平均分配孩子的身體，
海底女得到了頭部，丈夫則得到了身體。

　　不過丈夫看到妻子已經回到海底，就將孩子的腳和身體棄置
於海灘上，很傷心地回去了。

　　六天後海底女與丈夫相約於海灘最後一次見面，丈夫發現他
棄置於海邊孩子的身體變成骨頭，但是並沒有死，只是腐爛所
致。

　　本故事海底女與凡人結婚，本來是一段美好的因緣，就給心
胸狹窄的婦女破壞了，人有時候要自省，自己的言行是否恰當？
人往往因為不知檢點，不知貽害了多少人！

參、賽夏族原始兄妹創世婚傳說故事

　　陳春欽〈向天湖賽夏族的故事〉載有向天湖「分姓與遷徙」
的傳說故事：⑧

　　　　ebe-nabon是賽夏族的始祖，所有本族的規矩
kasbuang都是他傳授給我們的。他的太太叫maja-nabon，
兩人本來是兄妹，都住在大霸尖山，該處的石頭，都長
得像人一般。兩兄妹結婚後，只生了一個小孩。……

　　本傳說故事對於賽夏族人的祖先到底是誰？說得很清楚明確，賽夏族的男性始祖叫做ebe-nabon，女性始祖則叫做maja-nabon，都住在大霸尖山，他們原來是一對兄妹，後來兩兄妹結婚，是爲同胞兄妹婚型，他們生下了一個小孩，是爲人類繁衍之始。

　　本故事謂「大霸尖山，該處的石頭，都長得像人一般」，這大概就是賽夏族人以此爲始祖石生創世的理論根據。

【註釋】

① 内政部委託台灣大學人類學系研究《台灣山胞各族傳統神話故事與傳說文獻編纂研究》，1994.4.30。

② 陳春欽〈向天湖賽夏族的故事〉，載於《民族學研究所集刊》廿一，1966春季，中央研究院民族學研究所。

③ 田哲益《台灣的原住民賽夏族》台北，台原出版社，2001.8。

④ 同③。

⑤ 同③。

⑥ 黃智慧主編《番族慣習調查報告書第三卷賽夏族》，中央研究院民族學研究所編譯，1998.6。

⑦ 同②。

⑧ 同②。

第十八章

賽夏族異族情誼

壹、賽夏族有泰雅族的血統

由於賽夏族人的婚姻禁忌非常嚴苛，又加上賽夏族人原本人口就很稀少，所以賽夏族人不得不與外族聯姻。

自古以來，北賽夏群賽夏族人，即與泰雅族人由於毗鄰而居，又曾經有攻守同盟之關係，兩族交往非常密切，早就有聯姻關係。所以有人說賽夏族人有著泰雅族人的血統，這種說法並不爲過。

泰雅族的女子嫁到賽夏族的很多，而早期兩族之間的婚姻顯然是買賣婚。因爲賽夏族人口少，不得不向外族買妻子。

朱鳳生《賽夏族》載賽夏族和泰雅族通婚聯婚的情形：①

> 本族早於滿清中葉即與前山的泰族：麥巴萊社、十八兒社、西熬社、白蘭社，即有子女聯婚。因爲本族嚴守氏族外婚制的法則，及同姓與同族氏族間是禁婚的。本族居住之地，多與前山泰雅族接近，禁婚之例尤嚴，本族的族民逐漸減少，故常與鄰近的泰雅族女子通婚，例如生於清同治五年趙明政（達路・吾茂）的妻子爲十八兒社頭目巴隘拍蘇的妹妹。在北埔事件中，大舅爲了挽救妹夫，以大義滅親的好心特措，主動把外人遺孤的乾兒子送推來替代達路・吾茂到北埔自首送命。筆者（朱鳳生）祖父生於光緒年間，即娶十八兒社頭目姪女爲妻。麥巴萊社的姥姥也在嘉慶年間，就嫁給本族的趙家媳婦。白蘭社民國初年，好多的白蘭社女孩願嫁給本族與前山泰族的青年郎。

這是賽夏族籍朱鳳生先生自述其祖母亦爲泰雅族人，可見新竹縣五峰鄉賽夏族人與泰雅族人通婚之頻繁。

貳、賽夏族有漢族客家人的血統

至於南賽夏群賽夏族人，與漢族客家人在很早以前就居住在一起了，因此，也很早就有通婚關係。所以有人說賽夏族人也有漢族客家人的血統，這個說法也不爲過，而且賽夏族人流行收養漢人小孩爲子息。

廖景淵〈北埔紀事（五）〉云：②

賽夏族與我族人（按廖景淵先生爲客家族人，他與賽夏族有很深的淵源，並與賽夏族總頭目趙明政家族熟識）通婚祖傳外，男性賣入賽夏部落作子息極多，而黃祈英、日阿拐、絲卵乃頭目之弟弟絲廷雪等，原是漢人賣入開導生活習慣及耕作技術和農具使用方式，四季節氣，民俗禮節信仰傳承，連建築物是客家農村面貌外，正廳也供奉祖先牌位，成爲客家的生活圈內，是在台灣的原住民中最早通化的族群。

賽夏族頭目趙明政的長女兒迪瓦斯‧達路，也嫁給漢族客家人李傳慶之長子李金文，但是發生了一件不幸的意外事故。

李傳慶到了打林，種蕃薯卵並且耕作茶園燒粳治腦等行業，李傳慶對於此處的賽夏族人，往來過從甚密切，與賽夏人和睦相處。以下是廖景淵先生從祖母和其父的口述歷史：③

一九二○年（庚申）年春，傳慶之內人李徐新妹帶著十一歲的女兒和新婚半年多已有身孕的媳婦三人前往長坪頭的百段崎，山排茶園採茶時，被從石加鹿部落來的泰雅族出草碰上。

當時五、六名泰雅人衝來時，迪瓦斯用泰雅語大聲叫說，我是賽夏頭目之女兒迪瓦斯‧達路，你們不能殺我們，但是泰雅勇士不管三七二十一，將婆媳兩人殺，並在迪瓦斯肚子裏的胎兒首級同時奪走。

　　還好另十一歲的女兒轉身快速雙腳不踏地的樣子溜回家來，但回到家時五魂嚇散，連句話也不會說，面如白紙，家人全都急死，不知發生何事？過了一會兒大家的安慰下，才開口說她們給泰雅人殺掉，家人再問她是誰？在何處被殺？她才說是母親和大嫂在茶園採茶時被殺。

　　當時大嫂大聲呼喚說我是達路・烏茂頭目的女兒迪瓦斯・達路，你們不要殺我們，但他們還是拔出凶刀向母嫂砍殺，我看事情不妙都逃跑回來。

　　傳慶父子速即前往上大隘部落找親家報知此事，頭目和長子趙興華（依彎・達路）立即帶一群十多位族人，前往追趕至白蘭部落附近之深瀝支流處殺掉兩位兇手，其餘被逃離他處。

　　後來白蘭部落的泰雅族人，認出兇手是來自石加鹿部落之族人，依彎・達路又轉向加鹿部落要兇手，但兇手並無歸來，族人無法交人，依彎・達路帶領族人去破壞飲水輸送管道及農作物，至他們交出兇手為止。

　　後來得知兇手已逃往台中霧社部落時，日本警局陰謀計策，速即設法對雙方都支持槍枝彈藥，使兩族群殘殺械鬥。

　　至一九二六年（丙寅）九月出面雙方和解協調，於同月三十日在新竹州東郡井上駐在所（今清泉）附近的路，由新竹州知事及總督府理蕃課長等十多名官員和全新竹各原住民社派族人代表參加和解立碑誓書簽章，宣言今後各族群不得殘殺並不得再用人首級慶儀式等，換用獸類祭典，大家的怨恨到此結束。

但於一九三〇年十月二十七日「霧社事件」時，原住民殺死

一三六名日本人後，日本政府派軍攻打霧社時，再利用賽、泰兩族的弱點，命他們派族人潛入霧社部落，協助日警內外夾攻方式，終於攻破霧社成功。可見當年日本政府的野心，欺壓忠實心地善良的台灣族群，作風是如何殘酷！④

南庄方面的賽夏族，因受黃祈英的影響，很多人和來此開墾的客族聯婚，他們共同開拓了南庄，……張大滿和張細滿都是和賽夏族女人結婚的著名例子。另外更多的客族男人和賽夏族女人結婚是不爭的事實。黃祈英和頭目樟加禮之女孩結婚一事，可能在賽夏族社會投下了一大震撼，因黃祈英接任頭目後，為他們賽夏族做很有利於族人的建樹。是否受此影響，南賽夏族頭目喜歡向漢族人家，購買男孩作為其繼嗣，這是值得一提的事實。據說日阿拐本身是來自大陸的張姓人家，他的體內全然沒有賽夏族之血統。日阿拐也買了三、四位漢族男孩作子息，絲卯乃之弟絲廷雪據說也是向漢族買來的。如此賽夏族因為和客族最接近，自然會受客族之勢力所傷，然而因為接近，生活習慣上受客族的影響也最大，這個事實看來很矛盾。黃祈英到南庄鄉，接任頭目後，自然的促成賽夏族和客族和睦相處，他一身兼賽夏族之頭目和儼然客族代表之身份，不得不顧慮雙方的立場，要使來南庄開墾的客族安心工作，同時也要約束客族不可有非份之慾念。黃祈英的後代田尾黃永，昔時儼然是南庄第一的實力者，是否是受黃家的影響，南庄客族才沒有出賣日阿拐？⑤

據黃榮洛〈賽夏客族情誼深〉調查，參加北埔事件的義士溫阿平的太太也是賽夏族人；據說昔日靠近賽夏族居住的客族，因近水樓台，娶賽夏族之女孩子為妻的不少，她們娘家事先會偷偷告訴出草之時期，以利女婿之家人設法避難。

絲卯乃的公子絲金英先生，十餘年前出馬競選非山地鄉的南庄鄉長，不但當選而且任兩任屆滿後又競選非山胞保障名額之苗

栗縣議員也獲高票當選，這件事實可以證明，南庄鄉已經沒有「賽」「客」兩族之分了。⑥

朱鳳生《賽夏人》載：⑦

> 我們也從泰雅族學了他們刺面之說，此論點，其實始於大隘社，總頭目趙明政之長女居瓦斯達路，嫁給客籍男孩，有一天在山上和家人採茶時，被石鹿社泰族出草。即使該婦女用泰語大聲喊說：「我是原住民達路‧吾茂的女兒，請不要殺我！」但是蠻橫的石鹿泰雅族照樣弒首出草。

> 此後，趙明政軍師為女兒報仇，經常暗通日人警隊率帶賽夏與前山泰籍壯丁討伐殺害漢人之石鹿泰雅族。使得他們居處不定，時時遷移，並且哀聲載道傳話，請賽夏族民在臉上刻刺黥面，男上下額畫一條線，女孩上額畫一條線。

如此，據朱鳳生老師言，則賽夏族之紋面是基於泰雅與賽夏兩族免於被誤殺而也學起泰雅族人文面。

參、賽夏族可能有道卡斯族的血統

在更早的時候，日本學者如伊能嘉矩與鳥居龍藏等，推測賽夏族可能也有平埔族道卡斯族的血統。

廖景淵〈北埔紀事（五）〉云：⑧

> 於一九○五年間，日本的人類學家伊能嘉矩和鳥居龍藏的調查資料裏，指道卡斯後的客家族和賽夏人血統上有密切的關係。……

> 於新竹縣靠東南方連接苗栗縣東北方丘陵區居住的賽夏族，最早被平埔族道卡斯族侵入，佔據地盤並應起兩族同化流傳血統。……新竹縣竹北海邊的采田福第和

道卡斯共貢奉先祖之處，可證明確實此事；另竹南的中港溪口媽祖廟「新興宮」位置，原是賽夏族的最早祭場，而且現在的廟會，還有賽夏人前往祭拜，祈求平安。

【註釋】

① 朱鳳生《賽夏人》，新竹縣五峰鄉賽夏族祭典管理委員會出版，1995.10。

② 廖景淵〈北埔紀事（五）〉。

③ 同②。

④ 同②。

⑤ 黃榮洛〈賽夏客族情誼深〉。

⑥ 同⑤。

⑦ 同①。

⑧ 同②。

第十九章

賽夏族懷孕與生育口傳文學

壹、賽夏族滿月回娘家貼草禮

賽夏族人生育滿月，有回娘家的習俗，依據朱鳳生《賽夏人》載：①

　　　本族嫁出去的女兒生了孩子，滿月時必須回娘家，接受同姓氏族的祝福。回娘家當天，男方家族賓客不可直接進入屋內，由女方的弟弟出外迎接，男方的弟弟以糯米飯糰與女方的弟弟準備好的白米飯糰，交換著吃，交換的人必須是身體健康，沒有受過嚴重傷害或被蛇咬過，而且沒有被別人收爲義子的，才可以擔任。

　　　吃完之後，才由男女雙方的長輩代表談話，說明此行的目的，並以合飲結束會談，此時眾人才進屋。

　　　接著由長輩拿著插有肉的竹籤及裝酒的小竹管，在屋外空地向東方祭告祖先；再由女方的弟弟，到乾淨的小河邊，爲小孩做貼草的儀式，也就是以一種野生成長的地芹爲小孩子貼臉，此野生地芹菜是地上爬的草，容易繁殖及蔓延，表示成長、茂盛、興旺及生殖力強等。

　　　進行貼草的儀式，要在戶外溪水長流不斷的地方，在小河邊，女方的弟弟先含一口水，再將草一瓣一瓣的撕開，沾上口中的水，一一貼在小孩的的上顎、雙頰篤水下顎，將小孩高高舉起，口中並唸著：「孩子快快長大」，娘家如果準備一只戒指，也在此刻戴上。

　　　貼草是回娘家最重要的儀式，必須要在中午以前完成。如果雙方的親友鄰居有喪事，就得延後舉行。

　　　中午由娘家招待男方家族賓客，吃完飯，雙方長輩必須再會談一次，表示回娘家的儀式完成，小孩會很健康的成長。娘家準備的糯米飯交給男方帶回，並分給左鄰右舍、親朋好友；而男方帶來的糯米飯、豬肉等，則

交由娘家處理，男方家族賓客決不可以吃。

賽夏族人生育後回娘家，其最重要的儀式為「貼草」，由小孩的小舅舅在河邊舉行，以地芹菜一瓣瓣撕開，以口水黏沾於小孩上顎，祝福小孩成長，儀式即完畢。按野生地芹菜繁殖力強，以爬生的植物貼於小孩的上額，表示生殖力強、成長、茂盛及興旺。

本傳說故事情節敘述如下：

一、賽夏族人出嫁之女子，生下了兒女，到了孩子滿月的時候，必須回娘家，接受同姓氏族人的祝福。

二、出嫁女帶著孩子回娘家，男方家族賓客不可以直接進入娘家屋內，要先在屋外舉行男女兩家交換飯糰吃的禮儀。

三、交換飯糰吃禮儀，男方事先準備好糯米飯糰，女方則準備白米飯糰。

四、交換飯糰吃禮儀，由男方的弟弟與女方的弟弟兩人交換著吃。

五、擔任雙方交換飯糰吃禮儀的弟弟，「必須是身體健康，沒有受過嚴重傷害或被蛇咬過，而且沒有被別人收為義子的，才可以擔任」。

六、交換飯糰吃禮儀畢，雙方的長輩代表談話，合飲後，眾人就可以進入屋內。

七、長輩手拿插有肉的竹籤及裝有酒的小竹管，到屋外的空地向東方祭告祖先，女兒生孩子回娘家接受氏族的祝福之事。

八、帶著剛滿月的小孩到小河邊溪水長流不斷的地方，進行「貼草儀式」。

九、「貼草儀式」由女方的弟弟，即剛滿月的小孩之舅舅主禮。

十、「貼草儀式」所用的草是地芹，「野生地芹茱是地上爬的草，容易繁殖及蔓延，表示成長、茂盛、興旺及生殖力強等」。

十一、剛滿月的小孩之舅舅，先含一口水，再把地芹草「一瓣一瓣的撕開，沾上口中的水，一一貼在小孩的的上顎、雙頰篤水下顎」。

十二、貼草畢，小孩之舅舅「將小孩高高舉起，口中並唸著：『孩子快快長大』」。

十三、「娘家如果準備一只戒指，也在此刻戴上」。

十四、「貼草儀式」必須要在中午以前完成。

十五、「貼草儀式」之禁忌，「如果雙方的親友鄰居有喪事，就得延後舉行」，亦即滿月回娘家的禮儀延後舉行。

十六、在河邊「貼草儀式」全部完成，中午由娘家招待男方家族賓客。

十七、吃完餐宴，男女「雙方長輩必須再會談一次，表示回娘家的儀式完成，小孩會很健康的成長」。

十八、娘家準備糯米飯給男方帶回，分給左鄰右舍、親朋好友等。

十九、男方帶來的糯米飯、豬肉等，則交由娘家處理。

貳、賽夏族認乾子女習俗

據朱鳳生《賽夏人》載賽夏人有認乾子女的習俗：②

認乾子女有其形式，當自己小孩常生病，久久不癒，即請當地巫婆就醫。或者父母一方有犯沖，若要沖厄運，則先作別人的義子。

當然找附近身體強壯，勤於做事或智慧相當高的年

長者，所謂德高望重的人，作爲認乾爹的對象。

　　之後，帶著小孩登門拜訪，並說明來由，對方如答應，就買其身現金十元或殺一牲畜作爲謝狀。

　　日後，義子必須每週或每月回到乾爹娘住處宿夜。直到小孩長成及笄之年或要成家。

　　待將結婚時，要贖回其人身，乾爹娘即準備買由頭到腳的新裝，而生父母要買一頭豬。雙方在元老之帶領下，帶著一瓶酒或燒煮一塊肉片。大家面向東方要祖靈請示此小孩已長大。要雙方祖靈的佑護下，自力更生或建立美滿的家庭。

本傳說認乾子女的習俗：

一、小孩子常常生病，久久不癒，找別人認其爲義子。

二、父母一方有犯沖，若要沖厄運，找別人認其爲義子。

三、找德高望重的人，認其爲乾爹。

四、對方如果答應認小孩爲義子，就買其身現金十元或殺一
　　牲畜作爲謝狀。

五、「義子必須每週或每月回到乾爹娘住處宿夜。直到小孩
　　長成及笄之年或要成家」。

六、「待將結婚時，要贖回其人身，乾爹娘即準備買由頭到
　　腳的新裝，而生父母要買一頭豬」。

七、「雙方在元老之帶領下，帶著一瓶酒或燒煮一塊肉片。
　　大家面向東方要祖靈請示此小孩已長大。要雙方祖靈的
　　佑護下，自力更生或建立美滿的家庭」。

　　賽夏族人沒有後代時，有承嗣的習俗，即收養子，或同氏族近親或異姓，皆可取得與實子同等之地位。承嗣與養子和原家間應守禁婚之關係，其他親族關係與禁婚法則與親子同，其名應更改並連其養父之名，惟因故復歸時，即恢復其原有之親族地位。

【註釋】

① 朱鳳生《賽夏人》，新竹縣五峰鄉賽夏族祭典管理委員會出版，
   1995.10。
② 同①。

第二十章

賽夏族動物口傳文學

　　賽夏族有關動物的傳說故事也很有趣，如「豹與熊」的故事，豹與熊只要是看到了鹿或山豬就必屠之，原來牠們是在競爭孰優孰劣，鹿和山豬倒了大楣。「狗」的故事，狗原來會說話的，因為太多嘴，被人剁了舌頭，就不會說話了。「螢火蟲」的故事，螢火蟲的屁股為什麼會發亮，因為有一位抽煙的人，無意中將煙火黏上了螢火蟲的屁股，所以會發亮。「猴子」的故事，用人奶養育猴子，猴子竟然會說人的話。「穿山甲」的故事，穿山甲原來是神的座椅，因為坐起來癢癢的，遂廢。這些故事都相當可愛。

壹、豹與熊

《生蕃傳說集》，佐山融吉、大西吉壽著（1923），余萬居譯：①

　　　　古時豹熊路遇，因為互誇自己的美而至互咬，由於勝負未決，所以後來不論是誰，只要是看到了鹿或山豬就必屠之，以競其優劣。

　　本故事豹與熊古時自誇自己之美，而起爭執互咬，但是勝負猶未決，因此豹與熊只要見到鹿或山豬，就一定屠殺之，豹與熊至今仍然持續競爭著他們之間孰優孰劣，鹿與山豬成了代罪羔羊。

　　人間世界何嘗不也是如此，有些人為了要獲取利益或功成名就，不惜犧牲了他人，別人成了犧牲品。

　　本傳說是一則警醒性質的故事，奉勸凡人害人之心不可有，防人之心不可無，否則自己成了代罪羔羊的犧牲品，還不自知呢！

貳、狗

人與獸，從人獸一體演變到人獸殊途的過程裡，仍有一個過渡，即獸通人話。這個過渡同時表現出賽夏族狩獵的源始。涉及的獸，是狗及山豬，兼及猴子。狗成爲人的獵犬之後，還可以通人話。②

《生蕃傳說集》，佐山融吉、大西吉壽著（1923），余萬居譯：③

> 古時犬輩善操人語，而且頗爲流利，某日見一女人大解，立趨其旁啖其糞。回家之後，犬甚得意，大談「剛在某處吃了某女的大便！」家人嫌其煩，剁了他的舌頭。自此，牠什麼也不能說，不能再饒舌了。

狗原來是善於說人話的，如今爲什麼不能說話了呢？因爲牠太多嘴了，家人嫌煩，割掉了牠的舌頭，就不能說話了。

人太愛講話，沒有經過大腦思考，就胡亂說話，這樣人家會討厭，不受人歡迎，甚至於會惹來殺身之禍。

我們身所做的事，口所說的話，心所想的念，都叫做業；由業而生的力叫業力。世間種種的受用，都是業力感召的。業力的連鎖作用，就是因果；世間的一切事物，沒有一件不受因果律之支配的。

故修善必須常存有善的念頭，說好話，存好心，做好人。

《生蕃傳說集》，佐山融吉、大西吉壽著（1923），余萬居譯：④

> 某人欲屠殺pruin（狗），狗說：「你殺了我，靠什麼去打獵呢？人類的智慧確實強過我們！可是論起涉溪河，馳騁叢中，不是就遠不及我們了嗎？」那人覺得有理，沒有殺牠，而是邀朋攜犬赴獵，一下子就獵得一山豬，接著又在片刻之間獵得三隻山羊。

　　人們大喜，就想回家，可是狗卻認為應該到keraomomin去獵鹿！人們也動了心，轉道kera-omomin，至獵場，狗兒又在轉眼之間捉了兩隻鹿。狗又對人說：「你們也去獵鹿吧！當你們獵到一隻的時候，我可能已經獵了五隻！」既然如此，人們也將籃子交給狗。

　　狗跟人們分了手，獨自入山，製造圈套，獵捕了三隻瘦鹿和兩隻大鹿，當場就把那兩隻肥的製成燻肉，裝入籃中，搬去給人們。

　　獵物太多了，人們搬不動，所以把那三隻瘦鹿留在山上，叫狗兒看守著，搬運其餘的獵物回社去。獵者的家人見其滿載而歸，紛紛問是誰居首功？人們回答說是狗，從此，大家都喜歡養狗。狗在山上感到飢餓時，就把那三隻瘦鹿都吃光。人們見之，大感失望，狗被眾人責罵，狗兒惶恐道歉，並且說：「以後只把獸骨給我啃一啃就好了，這樣，我就很滿足了！」因此，我們一向都是只丟骨頭給狗吃。

在獵場上，對於捕獲獵物，狗固然有功勞，但是狗也會偷吃獵物，因此人們就責罵牠，狗為了表示歉意，就說「以後只把獸骨給我啃一啃就好了，這樣，我就很滿足了！」至今為什麼賽夏族人都把骨頭給狗吃，就是這個原因。

參、螢火蟲

《生蕃傳說集》，佐山融吉、大西吉壽著（1923），余萬居譯：⑤

　　有個人在吸菸的時候，飛來一隻小蟲，停在他的臉上，他用煙斗趕牠，菸火偏巧黏在小蟲屁股上。今人稱之為「螢火蟲」。

　　本傳說故事有趣又可愛，螢火蟲的屁股為什麼會發亮，原來是有一個抽菸的人用煙斗趕牠，把菸火偏巧黏在小蟲屁股上，所以螢火蟲的屁股就會發亮了。

肆、猴子

《生蕃傳說集》，佐山融吉、大西吉壽著（1923），余萬居譯：⑥

　　　　古時候，風姓的人捉一隻小猴，用人乳養育牠，後來，那一隻猴子竟也能說人話。

　　這也是一則可愛的傳說故事，猴子能夠說人話相當有趣。在馬戲團裡常常看到猴子表演，可以證明任何動物只要經過一段很長時間的訓練，牠都可以達到訓獸師的要求，表演各項節目，但是教會學說人的話，很像是從未聽過的。因此本則故事更覺可愛與有趣。

伍、穿山甲

《生蕃傳說集》，佐山融吉、大西吉壽著（1923），余萬居譯：⑦

　　　　古時，穿山甲是神的椅子，因為牠有鱗，臀部會癢，所以被廢。

　　神跟人一樣也有座椅，穿山甲就曾經是神的椅子，但是穿山甲身上有鱗，所以神坐起來臀部感覺會癢癢的，因此就廢棄了把穿山甲當椅子。

【註釋】

① 內政部委託台灣大學人類學系研究《台灣山胞各族傳統神話故事與傳說文獻編纂研究》，1994.4.30。

② 林修澈《賽夏族史篇》，南投，台灣省文獻委員會，2000.5。

③ 同①。

④ 同①。

⑤ 同①。

⑥ 同①。

⑦ 同①。

第二章　賽夏族畜養口傳文學

　　人類畜養家禽及家獸，已經有一段非常長的歷史了，賽夏族人何時開始畜養動物，不得而知，但是也應該在遙遠的年代裡，就已經開始從事畜養。

　　《生蕃傳說集》，佐山融吉、大西吉壽著（1923），余萬居譯：①

　　　　古時候的狗，都住在山中，見到了人就撲過來。有一次，有幾個人帶著元宵入山，給狗吃，趁著元宵黏住了牙齒，狗在掙扎之時，捉了兩隻小狗來養，這是養狗之始。

　　本傳說故事情節敘述如下：

一、古時候的狗，不是住在人的家裡，而是住在山中。

二、古時候的狗不像現在很友善，見到了人就會生氣撲過來。

三、有幾個人帶著元宵進入山中，拿給狗吃。

四、狗吃了元宵，黏住了牙齒，拼命的掙扎，乘機抓兩隻小狗帶回家養。

　　狗原來是很凶狠的動物，經過人類一段長時間的馴養之後，就變得很溫馴友善，而且成了人類最忠實的朋友。

　　當初賽夏族人，為了要養狗，費盡了心思，終於把小狗從母狗身邊成功的抱回家來飼養。

　　又載：②

　　　　古時社東有一洞穴，裡面住著很多狗。有兩個男人想捉小狗，可是，一個靠近洞口，便有一隻大狗奔了出來，咬死了其中一人。另一個人爬上樹避難，等候可以下手的機會。約經五、六天，嫋嫋東風吹來，他見時機已至，從樹上下來，把隨身攜帶的麻糬扔進洞裡，趁小狗來咬住的時候捉住牠，快步抱回社裡來。

本則傳說故事雖然也順利成功地抱走了幼犬回到村社飼養，只是本則故事其中有一人被大狗咬死了，所以本則故事比較悲慘。

陳春欽〈向天湖賽夏族的故事‧老虎與獵狗〉亦載有賽夏族人飼養狗的傳說故事，內容較為豐富：③

> 早先我們上山打獵，不是帶獵狗，而是帶老虎一道去的，如果遇到山豬，就放老虎去追捕，當山豬被咬到時，才由我們去獵取。平常在家裡，都把老虎關在籠子裡面，怕客人來的時候被老虎咬傷，以前如果要到鄰居家去，必須先喊，讓鄰居知道有人來找，才能防備。

> 老虎有空時常跑到屋頂上，牠喜吃山肉，獲得山豬的肝、腎，要拿給老虎吃。老虎因為和人少接觸，看到陌生人來就要咬，我們就把老虎打死了，將他的牙齒收藏起來，如果碰到有人咳嗽不止的話，就將老虎的牙齒置於病人的面前，病人就會好的。

> 此後我們就不再養老虎了，但我們上山打獵沒有獵狗怎麼辦？所以大家就集會討論，有人說在東邊聽到一種狗在追捕山豬的叫聲，大家就決議去捉狗來打獵。派了三個人，沿途放置米糕，果然母狗來吃米糕，小狗也跟在後面，三人之中由一人拿米糕給母狗吃，另外二人一人抱一隻小狗（一雄一雌）快跑回去了。如果沒有米糕，恐怕捉不到小狗的。

> 以前打獵沒有獵槍，都用弓箭，如果不養狗，是無法獲取獵物的。狗養大之後，分給每姓一隻，一直到現在，還是用獵狗去打獵。據報導人解釋：以前狗是很貴的，買一隻狗就像買一隻牛那麼貴。用做米糕、釀米酒和山肉去換的。現在的狗則是用錢買的。

老虎是朱姓titirong養的，朱姓祖靈祭pasvake上的靈物kekureang就是老虎的牙齒。

按在以往文獻中賽夏族有關獵狗的傳說，未曾有老虎母題之出現，而台灣地區沒有老虎，本則老虎之母題，耐人尋味。

本傳說故事引誘狗吃米糕，然後抱走小狗與前面幾則故事相似，在狩獵時代，狗是非常重要的助手，因此「以前狗是很貴的，買一隻狗就像買一隻牛那麼貴。用做米糕、釀米酒和山肉去換的」。

本故事還提到老虎與朱姓的關係「老虎是朱姓titirong養的，朱姓祖靈祭pasvake上的靈物kekureang就是老虎的牙齒」。

犬是用來狩獵之用，賽夏族人飼養狗的歷史可能在很早的時候，就已經開始，台灣總督府臨時台灣舊慣調查會《番族慣習調查報告書第三卷賽夏族》載「獵犬的起源」：④

古時侯papakwaka'方面有很多野狗，這些狗擅長捕獵野獸。當時我們的祖先只用弓箭來獵野獸，獵獲物非常少，所以便想到無論如何也要捕捉那些狗來狩獵。然而那些狗獰猛不易接近，於是大家詳細討論，決定從壯丁中挑選腳力矯捷的人，由他攜帶很多黏糕上山捕捉幼犬。因此該壯丁偷偷地至其所在地偵察動靜，那時恰好有一隻母狗帶著數隻小狗從洞穴出來，到日照良好的地方玩耍，母狗自己則到另一座山狩獵。

壯丁在母狗必經的路上放置準備好的黏糕，同時奪取雌、雄小狗各二頭（或說各一頭）後奔跑而回。母狗遠遠看到了便急忙跑回，想要追趕，但是黏糕黏住了腳不能自由奔馳，想用口弄掉又黏住了口，不知如何是好，而此時壯丁早已逃逸而去。於是大家愛護並飼養幼犬，後來即用狗狩獵。今日的獵犬就是上述小狗的子孫。

　　本則故事賽夏族青年，運用智慧掠奪了幼犬，把犬飼養成功。掠奪的過程非常精采，尤其是用年糕黏住母犬的腳和嘴，非常有趣。

　　《生蕃傳說集》，佐山融吉、大西吉壽著（1923），余萬居譯：⑤

　　　　古時有個叫做teteon的人，飼養「okurao」，而且是照顧備至。teteon想吃什麼，就吩咐「okurao」。

　　　　瞬息之後，「okurao」就會把他想吃的東西送過來。所以，據說姓teteon的人至今依然不吃「okurao」

　　本故事是姓teteon家的一種禁忌性的傳說，姓teteon家為什麼至今依然不吃「okurao」，因為從前「okurao」曾經有恩於姓teteon家。

　　過去有個人叫teteon，他只要想吃什麼，吩咐一下「okurao」，「okurao」就會把他想吃的東西送過來，因此，至今姓teteon家的人仍然不吃「okurao」，是一種感恩心情的表現。

【註釋】

① 内政部委託台灣大學人類學系研究《台灣山胞各族傳統神話故事與傳說文獻編纂研究》，1994.4.30。
② 同①。
③ 陳春欽〈向天湖賽夏族的故事〉，載於《民族學研究所集刊》廿一，1966春季，中央研究院民族學研究所。
④ 黃智慧主編《番族慣習調查報告書第三卷賽夏族》，中央研究院民族學研究所編譯，1998.6。
⑤ 同①。

第二二章

賽夏族人與動物情口傳文學

　　在賽夏族「人與動物情」的口傳文學，有關女性的較多，相對的有關男性的則較少。「人與動物情」即一般所謂之「人獸交」或「人獸配對」。

　　「人獸配對」傳說故事，有些比較含蓄，如「女與鹿情」；有些傳說故事比較露骨，如「女與蚯蚓情」、「男與豬情」等。

壹、女與鹿情

《生蕃傳說集》，佐山融吉、大西吉壽著（1923），余萬居譯：①

> 　　某家有個十四、五歲的少女，每天奉父命去看守著粟田，她有個祖父，很疼她，天天陪她到田裡去。有天，她要求祖父替她做個vuruvuru（嘴琴），祖父馬上做了給她，第二天，她又要嘴琴，祖父又做給她，但一連數日，少女天天要嘴琴。祖父覺得奇怪，可是他很愛孫女，所以有求必應，以此過了數十日，有一天祖父在田間巡視，忽然發現一隻大鹿走進小農屋裡去，於是立即號召附近壯丁獵殺之。少女哭個不停，祖父把煮好的鹿肉給她吃，可是她一口也不吃，最後她開口要鹿鞭，祖父笑著拿給了她，她竟把它當髮簪，插在頭上。……

　　本則傳說故事謂有一位十四、五歲的少女奉父命看守小米田，祖父很疼她，天天陪她到田裡去。她請祖父做嘴琴給她，祖父馬上做了給她，可是一連數天都要求祖父做嘴琴給她。

　　按嘴琴是一種傳情之物，原來少女與一隻鹿談情說愛。祖父不知，有一日，發現田間有山鹿，於是招人獵殺了鹿。

　　少女非常傷心哭個不停，祖父給她鹿肉，她也不吃，只要要鹿鞭，她寶愛著鹿鞭，把它當做髮簪，插在頭上，隨身攜帶。

陳千武《台灣原住民的母語傳說》：②

　　父親去築造看守粟子旱田的小屋，然後派女兒去看守旱田，預防粟子被野獸偷吃。女兒怕在旱田無聊，就帶了嘴琴去。

　　女兒帶了四個嘴琴去，但到晚上回家時，卻沒有把嘴琴帶回來。她告訴父親說：「給我多做幾個嘴琴吧！」

　　父親削了幾個嘴琴給她，可是第二天回來，她又要求給她做嘴琴。父親懶了，討厭做嘴琴，便說：「妳沒有嘴琴，懶得去，那就換我去看守粟田吧！」

　　然而女兒不肯換，她不要人家去騷擾她。過了幾天，父親閒來無事，想到：「不如到旱田去走走！」母親也說：「對，你應該去看看旱田」。

　　父親拿著弓箭去，來到小木屋，拉了一下稻草人的繩子，就聽到芒草裡發出沙沙的聲音，接著一頭花鹿走出來。花鹿的頸子吊著幾個嘴琴。父親用弓箭射他，花鹿死了，父親把花鹿的肚子剖開。女兒跑出來，看了這情況，就哭了。

　　父親哄女兒不要哭，要把鹿肉給女兒，但女兒卻說不要。給她肝臟，也說不要。要給她任何東西，她都不要。最後指了鹿的陽物，她就答應了。

　　女兒把鹿的陽物藏起來，到晚上睡覺的時候才拿出來玩。……不久，女兒的肚子膨脹起來了，因為沒有丈夫，大肚子很難看，家裡的人都感到羞恥。母親不得不把她帶到神的橋上去坐。母親說：「坐好，我給你抓虱子吧」。

　　母親邊梳女兒的頭髮邊流淚，她羞恥而流淚的情況，卻被別人看見了，於是母親發瘋似地，把女兒推落

河底去。女兒墜落河底，發出很大的聲音，肚子破裂
了。母親探頭一看，山豬、百步蛇、蚯蚓、鹿、魚、蜻
蜓、蝴蝶都從女兒的肚子裡跳出來。所有的東西都跳出
來了，可見她是一個淫蕩的女孩子。

本傳說是女子與鹿交情的傳說故事，從本故事謂「花鹿的頸
子吊著幾個嘴琴」可知。按賽夏族「嘴琴」是傳情之物。

本故事敘述女兒在山田看守粟米田，有一次，父親上山看看
女兒在粟田照顧粟米，不知怎樣了？父親發現芒草中出現一頭花
鹿，乃引弓射殺之，女兒傷心的哭了。

父親把鹿煮了，女兒什麼也不吃，她只要鹿的陽物。她非常
妥慎收藏著，到了晚上才拿出來玩。

不久，女兒懷孕了，母親誘騙她到橋上，佯裝替她抓虱子，
母親邊梳女兒的頭髮邊流淚，把女兒推落河底而死。

這是一則傳統古代封閉社會的悲劇故事，從「母親邊梳女兒
的頭髮邊流淚，……發瘋似地，把女兒推落河底去」，來看，這
位母親是受到傳統社會輿論極大的壓力，雖不忍為，但是最後還
是親手殺死了親生的女兒。

這故事不免讓我們懷疑傳統是真理嗎？設若這位女孩活在現
代的社會裡，其罪不致處死。因此這又涉及時空的價值判斷問
題，但是這還是令人質疑，人到底要活在哪個時空才好？

貳、女與蚯蚓情

《生蕃傳說集》，佐山融吉、大西吉壽著（1923），余萬居譯：③

　　古時，某家少女每天都蹲在同一處，入恍惚之境，
女母覺得奇怪，留心察看一番，原來是跟蚯蚓交媾。

　　女母大怒，用沸滾的開水燙死了那一條蚯蚓，可是
她的女兒已孕，生了很多蚯蚓。

本傳說故事某少女每天都蹲在同一處跟蚯蚓交媾，其母非常生氣燙死了那一條蚯蚓，少女竟懷孕了，生了很多蚯蚓。

按理來說，人獸交應該是不會懷孕的，因為人與其他的動物基因不同，但是許多傳說謂人獸交而懷孕生產的故事，這是無傷於故事本身的教育作用與意義的，所以神話傳說故事不能以現代科學知識去判斷和批評甚至謾罵的。

《番族慣習調查報告書第三卷賽夏族》載「處女懷孕蟲類的故事」：④

> 從前某家有一個女子，她已經二十歲了，可是卻還沒有丈夫。她每夜坐在矮凳子上紡麻時，常露出愉快的微笑，大家都不知道其原因為何。有一天，女子去旱田不在家，她的母親很偶然地看到女子的凳子中間有一個直徑一寸左右的洞，且還有木蓋蓋住，覺得很奇怪，拿起蓋子一看，發現裡面有一條很大的蚯蚓，母親這時才知道女兒坐在凳子上露出愉快微笑的原因。

> 女兒暗中飼養此蚯蚓，而當她要坐這凳子時，就偷偷地打開蓋子，讓蚯蚓進入自己的陰部，以感覺快感。母親於是便把熱灰倒進洞內殺死蚯蚓，然後又把牠和凳子一起扔掉。女兒回家聽到此事感到非常悲哀，那時女兒受了蚯蚓之精，已經懷孕七、八個月之久。

> 古時候沒有衣服，所以不能遮蓋肚子之膨起，母親非常生氣，便騙女兒一起爬上大岩石，然後從背後把她推下去，女子身亡後，其腹部裂開生出蛇、蚊、蝶、蛾、蜻蜓等蟲類。

這是一則賽夏族的悲劇故事，少女被母親發現與蚯蚓有姦情，母親於是用熱灰把蚯蚓殺死，對於少女的行為「母親非常生氣，便騙女兒一起爬上大岩石，然後從背後把她推下去」，少女

的腹部裂開，生出了蛇、蚊、蝶、蛾、蜻蜓等蟲類。

按「崖殺」，即從懸崖把人推下去致死，在布農族非常流行，如果婦女與人通姦被發現，即有可能隨時會被「崖殺」。

「崖殺」是很殘忍的，不過因爲受到傳統的制約，也不得不如此做，而且「崖殺」大多是親人自己殺死了自己最親愛的人，不但殺害了自己的親人，而且也傷痛了自己的心，傷痛了全家人的心。

在布農族的社會裡也有親手殺害自己的親人，以作爲向社會大眾有個交代，自己再自殺者，眞是令人鼻酸。

時空的交替，現在雖然已經不那麼做了，但是那些冥界爲情的亡魂，心安嗎？大概也只能興嘆時空作弄人罷了！

參、男與豬情

《生蕃傳說集》，佐山融吉、大西吉壽著（1923），余萬居譯：⑤

> 某人極欲娶妻而無一女人欲嫁之，只好與母豬交。
> 母豬生了兩隻小豬，其中一隻正常，另一隻是嘴尖而四肢短的畸形小豬，故一出其母胎即殺之。

本傳說故事謂有一男子，因爲苦於找不到女子爲妻，只好與母豬交媾，母豬生下了兩隻小豬，其一因爲畸形而殺之。

人類與獸交是原始即有的交媾行爲，遠古時人獸交是很普遍的，後來人類社會逐漸形成制度，人獸交的行爲就被認爲是違犯社會善良風俗的行爲。

不過，確實也是如此，畢竟人獸交是違反了「同類交媾」的原則，人獸交也引發社會諸多不良的影響，諸如社會制度與秩序的維護、醫藥衛生、心理精神種種問題等等。

【註釋】

① 內政部委託台灣大學人類學系研究《台灣山胞各族傳統神話故事與傳說
　文獻編纂研究》，1994.4.30。

② 陳千武譯述《台灣原住民的母語傳說》，台北，台原出版社，1995.5。

③ 同①。

④ 黃智慧主編《番族慣習調查報告書第三卷賽夏族》，中央研究院民族學
　研究所編譯，1998.6。

⑤ 同①。

第二三章

賽夏族生殖器口傳文學

　　人類的男女生殖器，自古即今，一直都是被熱衷討論的對象，尤其是女性生殖器官被討論的最多，涉及的層面也較廣。

　　在「人獸交」的傳說故事裡，亦以女性的故事較男性爲多，內容上也較廣泛繁複。

　　本章「女性生殖器傳說故事」述及女性生殖器官在古代的時候，有著牙齒，後來逐漸退化，不知道是否果眞如此？但是在台灣原住民各族都有有關女性生殖器長有牙齒的故事甚多。

　　因此，女性生殖器長有牙齒，在原住民生殖器口傳文學裡，是一項很重要的母題，有關這類的傳說故事，大都會幫助女性把生殖器上的牙齒拔掉，從此男女交媾美滿快樂。

　　本章「男性生殖器傳說故事」述及巨人巨大的生殖器，有時候還作爲族人遇大雨河水飆漲的時候的渡河橋樑。

　　賽夏族人的巨人巨大生殖器，以可以作爲「橋樑」來形容巨人生殖器的巨大，這與泰雅族的巨人傳說相同。

　　在台灣原住民各族之巨人口傳文學中，強調巨人巨大之生殖器是一大特色。所以巨人巨大的生殖器是巨人口傳文學最重要的申論事項。

壹、女性生殖器傳說故事

《生蕃傳說集》，佐山融吉、大西吉壽著（1923），余萬居譯：①

　　　　古時的人poparau之後都很難拔出，要費很大的勁，那是其中陰部的牙齒咬住所致。因爲發生諸多不便，所以後人漸將其齒拔除，終至今日的情形。一言以蔽之，是進化了的意思。

本故事謂古代人類性交的時候，因爲女陰有牙齒，所以要費很大的勁，才能把男性生殖器拔出，這樣子造成諸多的不方便，

因此人們便把女陰裡的牙齒拔除，女性的生殖器才變成現在這個樣子。

本則傳說故事涉及人類「進化論」的問題，賽夏族人認為人類原始女性的身體發展，女性生殖器從原來內有牙齒，後來漸漸演化，女陰的牙齒慢慢地消失了。這種推論也證明了賽夏族人的祖先，也具有人類「進化論」的初步探討。

貳、男性生殖器傳說故事

《生蕃傳說集》，佐山融吉、大西吉壽著（1923），余萬居譯：②

> 古有一人，名kamarawar（或謂marawar），如河水氾濫時，常以其物為橋，供人過河。⋯⋯

本傳說故事中的kamarawar是一位巨人，他擁有巨大的生殖器，每當河水氾濫的時候，他就以其巨大的生殖器為橋，給族人們過河。

小島由道《蕃族慣習調查報告書》：③

> 本族也有關於大男根的傳說。古時候某地有一個叫做kamorawraw（或是kamarawal）的人。他生有巨大的男根，曾有婦女要到溪邊洗衣服時，他就把他的陽物架在溪上當橋讓婦女渡過。而當婦女剛跨上一腳時，他就突然把陽物插進婦女的股間。他對婦女仍再三地惡作劇，因而引起婦女們的憤怒，計劃伺機殺死他。有一天，他去訪問某家，那一天天氣很熱，所以他就把陽物沉放在溪中，當時碰巧有很多婦女到溪邊用魚叉刺魚，突然來了kamorawraw的陽物，婦女們認為機會來臨了，便一齊用魚叉刺陽物，終於把他刺死了。

本傳說故事中的kamorawraw巨人喜歡女色，婦女要到溪邊洗

衣服，巨人就把陽物架在溪上當橋讓婦女渡過，可是巨人會惡作劇，當婦女剛跨上橋（陽物）一腳，突然把陽物插進婦女的股間。婦女們非常憤怒，暗中計劃殺死他。

　　有一天，婦女要殺他的機會終於來了，這一天巨人訪問某家，因爲天氣很熱，於是巨人就把陽物沉放在溪中涼快涼快。當時剛好婦女們在溪邊用魚叉刺魚，見機不可失，大家一起用魚叉刺巨人的陽物，終於把巨人刺死了。

【註釋】

① 内政部委託台灣大學人類學系研究《台灣山胞各族傳統神話故事與傳說文獻編纂研究》，1994.4.30。
② 同①。
③ 小島由道《蕃族慣習調查報告書》。

第二四章

賽夏族遷徙與地名口傳文學

　　賽夏族原住民從古至今，歷經了不斷的遷徙、移耕等過程，最後才逐漸固定下來，從事定居、定耕的生活。期間經歷了種種困難與折磨，最後終能與周圍環境的各民族達成協議，和平安全的生活在目前居住的區域，安穩的從事農業耕作，爲美滿的生活打拼、奮鬥。

壹、賽夏族遷徙傳說故事

陳春欽〈向天湖賽夏族的故事〉載有向天湖「分姓與遷徙」的傳說故事：①

　　　　ebe-nabon是賽夏族的始祖，他的太太叫maja-nabon，……住在大霸尖山。兩兄妹結婚後，只生了一個小孩。

　　　　……於是將小孩切碎成肉塊，丟到水裡，這些肉塊就變成人。當切成肉塊時，已經將各姓分好，切成幾塊肉就生出幾個姓。最後來的那個人沒有姓，他就是泰雅族atayal的祖先，他在分肉的時候沒趕上，所以他講的話不一樣，泰雅族現在也沒有姓sinlaihou。

　　　　各人如果不清楚自己的姓，就向ebe-nabon問，大家問完，才離開大霸尖山沿著河邊走，這樣子一直走到海邊，已經無路可走了，才沿著原路回來，住在苗栗。後來荷蘭人來了，就再往上面遷徙到lalala和bua兩地，各姓就在此時分開，風姓vavai遷向南庄。

　　　　之後，日本人來了，我們就被日本人管，此時我們曾遷往laiboua，這時候客家人來了，我們又搬回離南庄街不遠的半山處。

　　　　日本人曾聯合客家人來打我們，以後日本人又聯合我們打泰雅人，經過這兩次打仗以後，我們和日本人相

處得很好，也就一直住在向天湖rarumong，不再向外遷徒了。

於是日本人就來測量土地，讓我們在向天湖定居下來。以前此地都是森林，沒有人住過，日本人幫我們將大樹都砍了，開始墾植，並蓋起房子，定居下來。

日本人教我們種杉木，那時候，我們只要在自己的旱田上工作，就可以維持生活，但現在自己種旱田和水田，仍然不夠吃，所以要到客家人的地方幫他們割稻，砍杉木、挑杉木，賺錢來買米，這樣子我們的小孩才有飯吃。現在我們都很窮，要小孩上學讀書都沒有錢，負擔不起教育費用，我們種的東西雖然很多，但收成不好，賣出去又不值錢，連吃飯都不夠了。

按原住民各族大多有其尊崇的山，而視之為「聖山」，神聖不得侵犯，所謂「聖山」大致認為是「神之居所」與「祖靈居所」。

故事中謂賽夏族的祖先，即同胞配偶型的兄妹，發源於大霸尖山，將自己的小孩截人肉化人，造就了賽夏族各氏族的祖先，也造就了泰雅族的祖先。這些肉化人（賽夏族各氏族的祖先）離開了大霸尖山，到達海邊又回到淺山定居了下來。②

其後，荷蘭人來了，賽夏人繼續遷徒「到lalala和bua兩地，各姓就在此時分開，風姓vavai遷向南庄」。

之後，日本人來了，賽夏人曾遷往laiboua地方，此時，客家人也遷住進來，賽夏人又搬回離南庄街不遠的半山處。最後「就一直住在向天湖rarumong，不再向外遷徒了」。

賽夏族人在遷徒的過程裡，也曾經有過為了爭奪土地的戰爭流血事件，「日本人曾聯合客家人來打我們，以後日本人又聯合我們打泰雅人」，日本人極盡分化之能事，最後逼迫台灣各族群就範，為其所統治。

按賽夏族人的歷史，他們曾經居住過桃園、新竹、苗栗等沿海平原地帶，現在大部分住在淺山地帶，如新竹、苗栗等地區山區。本則為苗栗向天湖的傳說故事，敘述裡也提及了向天湖賽夏族人的遷移生活歷史。③「日本人就來測量土地，將大樹都砍了，開始墾植，並蓋起房子，定居下來，……教我們種杉木。……」

在賽夏族社會裡相傳：

> 最早的祖先，是散居在台灣桃園、新竹、苗栗等縣市地區沿海，因為受到陸地洪水以及海水倒灌的夾害，因此，紛紛避入山區，迫抵大霸尖山時，祇剩一男一女孩童，等到他們長大後，結為夫妻。子子孫孫始得繁衍下去。又因居住腹地狹隘，無法容納漸漸增加的人口，又分袂下山遷移，在平原一帶組成小聚落，過著半耕半獵的生活，並能與荷蘭人和平相處。明末清初，鄭成功率軍退守台灣，及此後由閩粵渡海移民的漢族日增後，可能受語言、生活習俗等差異，再加上日據的時候「以原住民制服原住民」政策，又逐漸移居淺山，絕大部分聚合五指山南北麓，亦即當今賽夏族人定居的部落。

本則故事，應該是比較晚期的傳說，敘述賽夏人原本就住在台灣北部沿海地區，因為洪水，避難到達了大霸尖山，但只剩下一男一女孩童活著，長大後結為夫妻，子子孫孫又開始繁衍下去。

因為山居腹地狹隘，無法容納漸漸增加的人口，所以子孫們又分袂下山回到平原定居，後來移進了一些外來民族，例如何蘭人佔據台灣、鄭成功退守台灣、閩粵渡海移民、日本佔據台灣等（事實上還有平埔族的移入），他們又移往淺山去了，一直到現在。目前賽夏族人絕大部分聚合五指山南北麓。

此等傳說可以看出賽夏族人對生活調適的說明，他們不斷的移動，冀望能找到最適宜的生活環境。

朱鳳生《賽夏人》載：④

　　我們祖先本住在平地，後因洪水氾濫，漸次逃入深山，抵達大霸尖山時，只剩男女二孩。長大結爲夫婦，生男育女，子孫繁衍。原與泰雅族合住一方，後因土地狹隘，乃分袂南遷，北自桃園，西至中港、田尾、大湖，皆爲本族之領域。至今，大霸尖山爲我族與泰雅族發祥之地，稱爲祖山，這是二族共同之傳說。

這則傳說強調大霸尖山爲賽夏族人和泰雅族人共同的聖山，亦爲洪水神話。從本則故事中可以看出賽夏族人與泰雅族人的淵源或許自古即已有非常深厚的交誼，並且還曾經「合住一方」，後來因爲土地農耕地狹隘的問題，造成分配不足或不均的現象，因此乃分袂南遷，開始了分途生活。⑤

宮本延人《台灣的原住民族》：⑥

　　在我們探訪賽夏族發祥地的傳說時，發現他們自稱是源自新竹縣大隘口一帶。話說昔日，他們的祖先，由海上漂流，而來到該社一帶，由於遇到大洪水，便避居到大霸尖山papak-waqa上，除了一對夫妻之外，其餘的都淹死了。於是那對夫妻，便生兒育女，也給予他們姓氏，其後代便由山上下來。泰雅族人的祖先便朝西南方向而去，自己的賽夏族的祖先，便由大湖一帶延溪而下，抵達苗栗一帶，由北埔往南庄方向，而到現在住的地方。

本則傳說與許多傳說謂賽夏人發源於大霸尖山有些不同，即賽夏人發祥於新竹縣大隘口，他們是由海上漂流，來到了大隘口，後來因爲洪水，避居大霸尖山，這是比較少的說法。

賽夏族的祖先因爲洪水侵襲，避居大霸尖山，但是只剩下一對夫妻，他們生兒育女，其後代便由山上下來平地生活。

　　按賽夏族人與泰雅族人都是以大霸尖山爲發祥地，並且把大霸尖山視爲聖山，本則故事也說了洪水退後，泰雅族人朝西南方向而去，賽夏族人由大湖一帶延溪而下，往苗栗、北埔、南庄等方向。

　　本則傳說述及賽夏族人海上漂流說而來到了台灣，但是他們到底從哪裡來？發生了什麼事？爲了什麼原因在海上漂流？

　　陳國強、田富達《高山族民俗》：⑦

　　　　大隘村賽夏人傳說：始祖係由海外漂流而來，後因洪水而避居大霸尖山，最後僅存夫妻二人，乃造出後裔並賜姓氏，派遣下山。此時，泰雅人主要向西南方，賽夏人則經大湖沿溪流抵達苗栗，經北埔、大坪而至南庄。居地遼闊，南至大安溪，北抵大料崁流域，東達大霸尖山。

　　本則傳說是賽夏族人經過一場洪水過後，又從避居的大霸尖山下山居住，他們遷移的路線是從大霸尖山經大湖沿溪流抵達苗栗，經北埔、大坪而至南庄。居地遼闊，南至大安溪，北抵大料崁流域，東達大霸尖山。

貳、賽夏族地名傳說故事

　　「十八兒」位於五指山下有一塊大石頭，傳說那塊石頭上，生下了十八個兒子，於是在五指山東側建立了家園，而那塊大石頭也被稱爲「十八兒來源石」。⑧

　　又傳說有一姓氏曾生子九胎孿生兄弟，十八個兄弟個個勇猛過人，是該族中的英雄人物，此姓氏乃當今林家莊的祖先。⑨

【註釋】

① 陳春欽〈向天湖賽夏族的故事〉，載於《民族學研究所集刊》廿一，

　　1966春季，中央研究院民族學研究所。

② 田哲益《台灣的原住民賽夏族》台北，台原出版社，2001.8。

③ 同②。

④ 朱鳳生《賽夏人》，新竹縣五峰鄉賽夏族祭典管理委員會出版，
　　1995.10。

⑤ 同②。

⑥ 宮本延人著、魏桂邦譯《台灣的原住民族》，台中，晨星出版社，
　　1993.9。

⑦ 陳國強、田富達《高山族民俗》，民族出版社，1995.6，北京。

⑧ 同②。

⑨ 同⑤。

第二二五章

賽夏族神怒與神罰口傳文學

賽夏族人認為族人必須共同遵守規約，以保障個人安全及全族的利益與生存，規約是社會秩序的一種維護措施，因此任何一個人違犯了規約，不但會遭到族人的制裁與攻訐，也會引起天神祖靈震怒而遭到神罰。

賽夏族的社會規約包括：一般日常生活、特殊祭儀、狩獵、農耕、漁撈、婚姻、喪葬、懷孕、生育、出草、戰爭等等，都必須遵守禁忌，以保障個人、家人乃至整個社會的安全與利益。

本章「賽夏族同姓通婚遭神罰」，敘述有芎姓族人公然向公權力（社會規約）挑戰，公然叛變（違犯禁忌），不再聽從族長的勸戒，質疑祖靈的訓示，實施同姓通婚，結果遭神罰全氏族滅絕，最後只剩下一位孤兒，被好心之風姓的人扶養，至今芎姓才得以延續香火。

「賽夏族犯忌附靈傳說」是錄自朱鳳生《賽夏人》，這是真人真實的故事，朱鳳生觀察數十年來賽夏人舉行巴斯達隘祭典時，因為違犯禁忌而遭神罰鬼靈附身的真實故事。

壹、賽夏族同姓通婚遭神罰

林榮泉〈向天湖神話〉載賽夏族一則「同姓不婚的由來」：①

有個tamau-atau是芎姓氏族的長老，他臂力過人，一人可抵三人。但卻蠻橫不講理，常仗自己力氣大把隊友的獵物據為己有，所以沒有人願意跟他一齊去打獵。

tamau-atau自覺得自己力氣大，又很勤快工作，便以為芎姓的人比別人高大強壯，不應該與別姓氏通婚，以免壞了血統，使芎姓的子孫身體衰弱下去。

當他把這番話告訴芎姓族人後，族人都很相信他。於是他便自認是向天湖的老大，不但不聽從向天湖族長的意見，也不遵守賽夏族的祖訓。

族長vaya-taro在知道tamau-atau舉動後，便坦白告訴他：「向天湖不能同時有二位族長，如果要換必須等改選。而且自從我們祖先分姓之後，賽夏人雖然有跟客家、漢人、泰雅人通婚，就是沒有同姓通婚，難道你連這點都不懂嗎？同姓通婚不是犯了我們賽夏人最嚴重的禁忌嗎？」

芎姓長老聽了雖然同意，但卻辯說：「話雖然如此，但我們芎姓偏要試試看。如果我們娶別姓的女人，她們都不會工作；而我們會工作的女人都嫁給別人，那我們不是吃虧了嗎？所以我們一定要試試！」

於是芎姓人開始同姓通婚，外姓人前來求婚都被拒絕了。族長對芎姓人說：「你們既然自認人多而且自己通婚，如果你們芎姓人多，那麼外面的樟樹，你們一定可以把它圍起來」。

於是芎姓長老及年輕人手拉手杷樹圍起來，但偏少了一個人，結果芎姓人受到鬼靈的懲罰當場全死了，只剩一老一幼。而老人不久也死了，只剩下幼子由風姓人收養。現在向天湖有三家芎姓人，就是他的後代。

從此以後賽夏人都嚴守規矩，不敢再同姓通婚了。

本則故事敘述古代芎姓的人違背了賽夏人自古以來同姓不婚的婚姻法則，因此鬼靈懲罰芎姓的人全數滅亡，最後只剩下一位幼子被風姓的人收養，其後代就是現在向天湖的三家芎姓人家。經過此教訓後，「賽夏人都嚴守規矩，不敢再同姓通婚了」。②

本故事涉及到血統的問題，「血統」謂血族之統系，凡同一祖先所自出者，為同一血統。芎姓氏族長老tamau-atau以為芎姓的人比別人高大強壯，又勤快工作，不應該與別姓氏通婚，以免壞了血統，使芎姓的子孫身體因為娶了弱小懶惰的其他氏族，便會

衰弱下去，而且也懶惰下去。因此他以惡勢力者主張「血親婚」，所謂「血親」，有血統關係之親屬曰血親，有直系、旁系之別，直系血親謂己身所從出，或從己身所出之血親；旁系血親，謂非直系血親，而與己身出於同源之血親。

血親婚經過人類長期實證證實，也經醫學之研究，證明血親婚不利於人類優生學的發展，血親婚生下的孩子多畸形或殘缺等。因此世界各民族在長期的驗證下，都放棄了血親婚，這是相當正確的作爲。

本傳說故事的情節敘述如下：

一、有一位芎姓氏族的長老叫做tamau-atau，孔武有力，蠻橫不講理。「常仗自己力氣大把隊友的獵物據爲己有，所以沒有人願意跟他一齊去打獵」。

二、tamau-atau主張「芎姓的人比別人高大強壯，不應該與別姓氏通婚，以免壞了血統，使芎姓的子孫身體衰弱下去」。

三、tamau-atau自居老大，「不聽從向天湖族長的意見，也不遵守賽夏族的祖訓」。決意同姓通婚，族人因爲害怕他，都相信他的話。「於是芎姓人開始同姓通婚，外姓人前來求婚都被拒絕了」。

四、芎姓人自恃人口多而非常驕傲，有一天，族長對芎姓人說：「如果你們芎姓人多，那麼外面的樟樹，你們一定可以把它圍起來」。

五、芎姓的人便手拉手把樟樹圍起來，但是偏偏就是少了一個人，「結果芎姓人受到鬼靈的懲罰當場全死了」。

六、本來爲人口眾多的芎姓人，淪落到只剩下一老一幼了，而且老者不久也死了。最後只剩下一個小孩子，眞是慘不忍睹，試嚐禁忌的結果，最後是得到嚴重的惡果。

七、好心的風姓人家，收養了芎姓僅存的後代，如今「向天湖有三家芎姓人，就是他的後代」。

貳、賽夏族犯忌附靈傳說

朱鳳生《賽夏人》載〈犯忌附靈傳說〉，茲錄載如下：③

傳說身體三到五尺高的矮人族，行動敏捷，精通巫術，身影如魔術般忽隱忽現。在祭典期間，沒有依附其意者，會被附靈懲罰，直到本族朱家長老用茅草繫於手腕或頭上，經矮靈赦免其犯忌，其人才會甦醒。以下是犯忌附靈的事實經過：

十幾年前：祭場在上大隘，有一隊輔仁大學七、八名學生，在神父帶領下，參加祭典。第一天迎靈當夜，散發上帝的訊息而污衊本族祭典是迷信。但是本族向來是以拜祖先為主，當時，他們的宣傳，引不起族人的吸引。第二天，該批師生們孜孜不倦為主宣揚，神父一踏進會場邊，即刻倒下，嘴上吐白沫。學生即刻到祭堂要求施救，起初，長老們不肯。於是學生們東籌西湊贖二百元後，爐主才到會場為神父贖身長達半小時，慢慢才醒起拍拍衣服後，很歉疚的跟學生們離開祭場返校。

六十七年：師大體育系十幾位學生，在一位高教授帶領下，蒞會觀賞，地點仍在舊祭場，此時，是第三天送神儀式。有一高大健美男生，在場邊信心十足的說：「那麼矮的橫木，我一跳就可抓住。」說時遲，那時快，他本人已前往送靈場地，還沒到場，人已倒地不起，嘴巴歪斜，身體抖動。其他同學驚訝的不知所措。經其教授央求贖罪，才精疲力倦且冒汗甦醒，當場還被老師糾正。

六十九年：祭場仍舊在老地方上大隘，也是最後在該處舉行，本族有一位姓夏吾茂青年，在送靈儀式中也狂言此橫木那麼低，何以無人拉下，話說到一半，人被摔到場外五、六公尺，身

體不但抖動，而且臉色蒼白，經朱家長老施救後甦醒。

七十一年：每逢祭典一到，族民人人和睦相處，甚至飼養的動物不能夠施打。本族有一朱家宗姓朱秀水，由於祭典自舊場地朱家宗姓剛遷到目前的新場地。那時和太太相互猜忌而吵架。在迎靈儀式當夜，沒有及時到祭堂室向爐主贖金，就喝酒到半夜。正好零時，即被矮靈附身，倒地抖身，頭頸扭轉一百八十度。兄弟們怎麼把頭回轉，還是硬的轉不回來，最後，他太太從家裡急跑上祭場，把與先生吵架的事由，娓娓道出。再由阿吾馬兒（朱家被矮靈附身，由其他十七姓阿吾馬兒）來贖身，奇怪，人不但清醒，頭也轉起回正。

七十七年：有一客籍男孩，或許他來參加的目的是找未來的伴侶或尋原住民女孩開心。在娛靈儀式三更半夜中，有一個在他身旁穿著原住民服又漂亮的姑娘，與他共舞、聊天。不到三十分鐘，此女孩就放手不跳，往上祭堂休息室小憩。此時，客籍青年想著好不容易認識，機會難得，怎能放手，於是跟隨向上，到祭堂階段，那位小姐還向他嫣然一笑，更使他心花怒放，往上追。到了祭堂前，他眼睛一看，那女孩轉彎繼續往前走上小路徑，此青年心更急，繼續追趕。此時的他，人海茫茫，孤處在山林中，原來，被矮靈化人身來作弄他。當晚他在山中走上走下，直到天亮，髒著衣服，雙手傷痕累累的返回祭場，並向祭主贖罪。

由以上可知，賽夏族人對矮靈深刻的敬畏，和這些矮靈顯靈附身的傳說有相當大的關係。

【註釋】

① 林榮泉〈向天湖神話〉。

② 田哲益《台灣的原住民賽夏族》台北，台原出版社，2001.8。

③ 朱鳳生《賽夏人》，新竹縣五峰鄉賽夏族祭典管理委員會出版，1995.10。

第二六章

賽夏族織布與服飾口傳文學

　　賽夏人認爲織布的技巧爲矮黑人所教，唯大多數學者認爲賽夏族的織布技術源於泰雅族，但陳春欽探錄一則有關賽夏人織布的源起神話傳說，似漢族「海底龍女」，這個故事在賽夏族廣泛流傳，亦可聊備參考。①

　　陳春欽〈向天湖賽夏族的故事〉載「水鬼的織布教授班」，這個故事顯示賽夏人織布和穿戴的衣飾爲海底來的kateteru女所教授，內容非常豐富，茲錄如下：②

　　　　以前我們賽夏人到山上打獵，就住在山上的小茅屋，天一亮就出去打獵，到很晚才回到這間小茅屋休息。第一天當大家打獵回來，準備去煮飯的時候，忽然發現十鍋飯都已煮好。大家就害怕，想到有人會來害我們，不敢吃這些已經煮好的飯，當時有人提議先讓獵狗嚐嚐，如果獵狗吃了沒有什麼不良反應，就可以吃了。試了之後，獵狗還是和往常一樣和小狗們在一起玩。大家都很高興，認爲這些飯並不是人家要來害我們的，並沒有毒，乃將十鍋飯全吃了。

　　　　第二天再上山打獵時，就留下一個老人看家，以便查知是誰來煮飯的。這老人在茅屋裡面躲了三、四個小時，發現從海底出現了一個女人，穿著siebuhan（賽夏人的衣服），頭上結著baskus（額帶），這位女人來到茅屋將米拿到海邊去洗，米洗完後，帶到茅屋裡用樹葉蓋起來，十鍋飯同時煮，等煮好了，該女就要回到海裡去，但她看到從茅屋裡走出一位老人，以一根bai-kuru（柺杖）阻止她回去，該女雖想回到海裡去，但當她看到一根柺杖插在前面，也不敢超越過去，猶豫了一會之後，她心想：「既然不能回到海底的家去，就回到茅屋算了」。她就慢慢地走回茅屋，很正經地坐在屋內的角

落裡不敢亂動。

　　老人等到大家打獵回來，就吩咐年輕的獵人躲起來，由十位老人來追問該女為什麼到這裡來煮飯，該女亦不回答，老人們用盡方法來盤問，該女也不吭氣，老人們以為該女是啞巴，此時在海灘上玩的狗的回來了，當狗一進屋內，該女忽然笑了，原來是狗放屁，惹得該女禁不住的笑了，她這一笑，打破了沉默，才肯回答老人們的追詢，她說：「是我父親命我到這裡來煮飯的，我父親每天外出工作到很晚才回家」。女名為kateteru。

　　我們本來上山打獵要住四天才回家的，因為碰到了該女，就提早回家了，一回去老人們就集會討論，這個女人要跟誰結婚，在同去打獵的年輕人中，有一位是獨生子，就將該女配給了他當太太。

　　女父曾經交代她，嫁了之後一定要回家探望他老人家，kateteru不久之後帶著山肉回到海底去，這時大家才問他：「我們要你帶我們一道去，但妳能進入海底，我們不能進去怎麼辦？」女的笑著說：「到時候一定有辦法。」當他們到了海灘上，該女就要來人站在海灘，她將海水逐一點在每個人的頭上，好讓這十位親戚能夠隨她到海底的娘家去。

　　kateteru對著這十個人說：「我以右腳踏入海水，海水就會攤開，你們就跟著我來好了。」這十個人跟著她到海底時，不久就看到很漂亮的房子，屋內的東西樣樣齊全，房子內牆壁上都用很精緻的布匹掛起來，有的用布匹貼在牆上。

　　這時她父親看到女兒和女婿一道回來，很為高興，就對著他們說：「你們很福氣能娶到我的女兒，她會教

你們賽夏人織布的。」這些人在海底過了一夜，翌日就回到山地去，她的父親就一直送她和親戚們到海灘上，才自個兒回去了。

kateteru回到山地，就遵照父親的話，組織了一個班來教年輕的女人織布，最先有十個人來學習，過了一段時間，她就讓這十位學徒照老師所教的去織布，來試試看有幾個學會了，經過這一考試ainela之後，只有兩位學生真正學會，她就正式收這二位學生為徒。由這兩位門徒開二個教授班，收了二十個學生。

過了一段時間，她親自來考試，看看他兩位門徒所教的學生是否學會了，一看之下，二十個學生之中，沒有一個人學會，她就問這兩位門徒：「妳兩教的成績很普通，沒有一位學生真正學會，是不是有什麼方法沒有傳授給學生們。」這兩位一代徒支吾以對，她心想一定是有藏技的嫌疑，一查之下，果然發現有兩種最重要的畫法沒有教給學生，藏為己用。

kateteru就命令這兩位門徒重新教一次，並且說：「妳兩將這兩種畫法留藏起來作什麼，妳兩如果教得好，我會再傳授妳兩更好的織布方法」。

這兩位一代徒，只好硬著頭皮重新教了一次，結果只有一個學生學會了，就被kateteru收為第二代門徒。再由這二代徒開班來教導其餘的女人，kateteru和兩位一代徒，每隔三天去看一次，如果有藏技不露的話，就受到老師的訓斥。

等這二十人又學會的時候，kateteru吩咐所有已經學會的人自己回家織布，來比賽看誰織得最好，各人可以加上自己的構想，不必完全依照老師的成規。

　　kateteru自己也參加比賽，一星期之後，大家的布都織好了，就將布放在外面曬桿上，請他的母親來評選各人的成績，結果kateteru得到第一名，第二代徒得到了第二名，第三名才是兩位會藏技的一代徒。

　　這兩位一代徒很生氣的說：「我們兩人當了老師，反而退步了。」原來他們倆位很自滿，認爲先學的一定比後學的織得好，並沒有全心全力去爲比賽的事下工夫。

　　這次比賽之後，各人就各自回家織布去了，兩位一代徒因爲輸給自己的學生，就開始講老師的壞話，kateteru聽到此事很爲激動的說：「我來這裡誠心誠意教你們學織布，你們二人一點也不感謝，反而來破壞我的名譽，說我的壞話。」

　　最後女老師和二位一代徒爭吵了起來，kateteru心裡想：「我住在這裡並沒有受到歡迎，還是回到海底的娘家去吧！」她就將要回娘家的事和她的丈夫講了，她丈夫說：「我們現在只有一個孩子怎麼分呢？等妳再生下第二個孩子時，才回娘家也不遲阿！」但是kateteru去意已堅，並沒有接受她丈夫的建議，就帶著孩子由她的丈夫陪著往海邊去了，這時女老師才對賽夏人說：「我回去之後，你們要學什麼也學不到了」。

　　當他們到了海灘上時，kateteru問她丈夫說：「我們只有一個孩子，怎麼平分呢？」夫婦倆人就互相推讓要對方來決定分孩子的辦法，最後還是她的丈夫出主意說：「我如取頭部，就得不到身體，取身體就沒有頭，由你將頭帶去，將身體留給我們好了。」

　　kateteru乃將孩子的頭丟到海裡，就和她的丈夫告別

了，約定六天後最後一次見面，她的丈夫看到妻子已經
回到海底，就將孩子的腳和身體棄置於海灘上，很傷心
地回去了。

六天的約期到了，mateteru帶著孩子到海灘上和丈
夫會晤，這時她的丈夫才知道孩子並沒有死，但孩子的
腳卻只有骨頭，才知道他自己將孩子的腳丟棄在海灘上
腐爛所致，她丈夫這時又苦苦哀求kateteru同她回到山地
去，並將孩子帶回家，但女老師應了這次約，只想讓她
的丈夫知道孩子並沒有死，自己並沒有回去的意思。

在台灣原住民有關「海」的神話傳說並不是每一族都很豐
富，如布農族有關海的傳說就非常少，也許布農族離開平地、平
原至深山定居的時間已經非常久遠，所以對海的傳說漸漸模糊而
至淡忘。③

陳春欽這一則「水鬼的織布教授班」神話傳說，是一則非常
豐富的神話傳說，不但說明了賽夏族人織布的源起，源於叫做
kateteru的海底女，她教授賽夏族人織布及刺繡，賽夏人就學會了
織布製作衣服，這則神話總算替賽夏人有了自己織布的歷史傳承
的一個說法，同時也具有否證賽夏人織布源於泰雅族的有力說
法。④

長期以來民族與民族之間的相處，是互相包容的、是互相接
納的、是互相觀摩的、是互相學習的、是互相認知的。賽夏人與
泰雅族人長期相處的結果，自然會產生相類似的文化，就拿賽夏
族的服飾來說，織布機的形式與織布技術和技巧，甚至衣服型式
等的確與泰雅族非常類似，但我們不能否認古代賽夏人仍然有其
織布的源起歷史與其織布技術。⑤

在本則故事，海底女kateteru從海底出來幫助狩獵的賽夏族人
煮飯，獵人們都感到疑惑，就派一位老人躲起來狩候，海底女被

持柺杖的老人發現，就不敢回海中了，據陳春欽載：⑥

　　柺杖hobak是以前老人帶的，仗的尖端有刺刀，有套
　　裝起來，如果碰到族人打架，就將套子去掉，亮出刺刀
　　來，當事人看了就不敢再打下去。所以kateteru看到
　　hobak就不敢再往前走。

kateteru海底女嫁給了賽夏年輕人爲妻，海底女是一位織布高
手，就教授起賽夏人織布，賽夏人因此學會了織布及刺繡的技
藝，對賽夏族人實在是功不可沒。可是kateteru海底女因爲賽夏族
人沒有善待她，所以不耐久居而回海底去了。雖然如此，她已經
留下了織布的技藝在賽夏族。

　　從本則人與「海底女」結婚的故事，「海底女」應爲「神女」
，古代賽夏人相信「人」與「神」是通婚的。

　　惟人生一程，無法預知的緣起緣滅，隨著無常與業報而輪
轉，眞是奇妙無比。

　　本傳說故事的情節甚爲繁複，敘述如下：

一、一群獵人上山打獵，住在小茅屋。

二、獵人第一天打獵，早出晚歸，準備去煮晚飯，但見十鍋
　　飯都已煮好。

三、獵人們不知道這十鍋飯到底是誰煮的，大家都很害怕，
　　以爲有人下了毒，要來害死他們。

四、獵人們先讓獵狗試吃，以便觀察狗的反應，狗吃之後，
　　仍和往常一樣和小狗們在一起玩。

五、獵人們發現這十鍋飯並沒有毒，於是乃將十鍋飯全吃
　　了。

六、第二天一大早獵人們又上山打獵，他們「留下一個老人
　　看家，以便查知是誰來煮飯的」。

七、老人家在茅屋裡面躲了將近三、四個小時，終於發現從

　　　海底出現了一個女人。

八、「這位女人來到茅屋將米拿到海邊去洗，米洗完後，帶
　　　到茅屋裡用樹葉蓋起來，十鍋飯同時煮」。

九、海底來的女人，煮好了十鍋飯，就要回到海裡去了。

十、海底來的女人，從茅屋裡走出來，卻見到一位老人「以
　　　一根bai-kuru（柺杖）阻止她回去，……她看到一根柺杖
　　　插在前面，也不敢超越過去」。

十一、海底來的女人，被老人家阻擋去路，不得回到海裡，
　　　　她只好「慢慢地走回茅屋，很正經地坐在屋內的角落
　　　　裡不敢亂動」。

十二、獵人們回來了，由十位老人來詢問海底來的女人，為
　　　　何來此煮飯？海底女不答，眾以為啞巴。

十三、此時在海灘上玩的狗有的回來了，有一隻狗放屁，海
　　　　底女不禁笑了，才開始肯回答老人們的詢問。

十四、海底女的名字是kateteru，是她的父親命她到這裡來煮
　　　　飯的，她的父親每天外出工作到很晚才回家。

十五、獵人們因為遇到了海底女，所以提早結束狩獵行程，
　　　　早日返回村社。

十六、老人們集會討論，決定在同去打獵的年輕人中，有一
　　　　位是獨生子，就將海底女配給了他當太太。

十七、海底女嫁了之後，帶著山肉回娘家，也一同帶著十位
　　　　親戚。「當他們到了海灘上，該女就要來人站在海
　　　　灘，她將海水逐一點在每個人的頭上，好讓這十位親
　　　　戚能夠隨她到海底的娘家去」。

十八、海底女以右腳踏入海水，海水就會攤開，十位親戚都
　　　　跟著她到海底去了。

十九、十位親戚到了海底女在海底的娘家，「看到很漂亮的

房子，屋內的東西樣樣齊全，房子內牆壁上都用很精緻的布匹掛起來，有的用布匹貼在牆上」。

二十、十位親戚從親家父得知海底女擅長織布。他們在那裡住了一個晚上。

二一、海底女回到村社，組織織布班，「最先有十個人來學習，過了一段時間，她就讓這十位學徒照老師所教的去織布，來試試看有幾個學會了，經過這一考試ainela之後，只有兩位學生真正學會，她就正式收這二位學生為徒。由這兩位門徒開二個教授班，收了二十個學生」。

二二、過了一段時間，海底女親自來考試，測驗兩位一代徒所教授的二十位學生，結果沒有一個人學會，原來兩位一代徒有兩種最重要的畫法沒有教給學生，藏為己用。

二三、海底女的一代徒再重新教了一次，結果只有一個學生學會了，就被海底女收為第二代門徒。

二四、海底女的二代徒又開班來教導其餘的女人，海底女和兩位一代徒，每隔三天去看一次，如果有藏技不露的話，就受到老師的訓斥。

二五、海底女的第二代徒教授二十人織布，當二十人又學會的時候，海底女舉行了一次織布比賽，請她們回家自己織布，一星期後評選，海底女自己本身也參加。

二六、評選由海底女的母親擔任，比賽結果海底女第一名，第二代徒得到了第二名，第三名才是兩位會藏技的一代徒。

二七、海底女的第一代徒因為比賽輸給了學生（二代徒），很不服氣，開始講老師（海底女）壞話，破壞老師名

譽，還跟老師爭吵了起來。

二八、 海底女決定回到海底的娘家，她的丈夫也沒有辦法阻
止。

二九、 海底女與她丈夫因為只有一個孩子，不知道要如何平
分？最後丈夫分到孩子的身體，海底女分到孩子的
頭。

三十、 他們夫妻兩相約六天後最後一次見面。

三一、 丈夫看到妻子已經回到海底，就將孩子的腳和身體棄
置於海灘上，很傷心地回去了。

三二、 六天後夫妻兩海灘上會晤，這時她的丈夫才知道孩子
並沒有死，但孩子的腳卻只有骨頭，才知道他自己將
孩子的腳丟棄在海灘上腐爛所致。

三三、 丈夫苦苦哀求海底女同她回到山地去，並將孩子帶回
家，海底女應了這次約，只是想讓她的丈夫知道孩子
並沒有死，自己並沒有回去的意思。

《番族慣習調查報告書第三卷賽夏族》：⑦

　　古時候某地住著一對夫妻，有一天他們因衣服之事
相爭。妻子說：「我有很多衣服，而你的衣服很少，不
是嗎？」丈夫回答說：「我的衣服的確很少，但是我的
衣服都是皮製的，所以比你的結實。」妻子不承認此
事，為了要試驗衣服的好壞，兩人同去溪邊過一夜。丈
夫穿著皮衣睡覺而無事，但是妻子因衣服是用麻布做
的，不堪寒冷而凍死了。

皮製的衣服當然比麻布衣服暖和，而這個故事提供我們知道
賽夏族人同時使用麻布與皮革製作衣服。⑧

【註釋】

① 田哲益《台灣的原住民賽夏族》台北，台原出版社，2001.8。

② 陳春欽〈向天湖賽夏族的故事〉事)，載於《民族學研究所集刊》廿一，1966春季，中央研究院民族學研究所。

③ 同①。

④ 同①。

⑤ 同①。

⑥ 同②。

⑦ 黃智慧主編《番族慣習調查報告書第三卷賽夏族》，中央研究院民族學研究所編譯，1998.6。

⑧ 林修澈《賽夏族史篇》，南投，台灣省文獻委員會，2000.5。

附錄

傳承賽夏文化遺產幸有後人

　　現任職於新竹縣五峰鄉五峰國小教導主任的朱鳳生先生，為筆者省立屏東師範之學長，其參與從事新竹縣中小學鄉土補充教材多年，更以六年的時間編寫賽夏族歷史文化，其大著《賽夏人》一書於民國八十四年十月三十一日問世，並且發給賽夏各族戶一本，其用心良苦令人敬佩。朱君更於族群會議時呼籲賽夏族人成立「台灣原住民賽夏族建設協會」之組織，其具有正面之效益。朱君並起草成立協會事宜，其宗旨為：

　　「文化是人類智慧的結晶，也是民族生存的命脈」，台灣原住民目前均屬弱勢族群，九族之中賽夏族正面臨南群有客家人的色彩，北群習有泰雅族的作風與物質文化。故文化資產之失落，語言流失的危機，隨著該兩大族群文化的衝擊下接踵而來。唯獨賽夏族特有的姓氏（其他原住民所沒有的）與兩年一度的矮靈祭，是當今原住民保存完整又古老的祭典活動，未曾改變，值得慶幸，以上兩項文化特質，尚且有重整並恢復民族文化的主要根基。當前世界地球村意識潮流下，台灣原住民不只是台灣歷史的寶貴文化見證，也是全人類共同的智慧遺產。人口僅五千人的賽夏族，應當學習以色列猶太民族自古具有民族意識，學習其刻苦耐勞，團結一致的精神來傳承賽夏文化，讓國內更多人認識與認同，真能欣賞本族的文化特質，進而尊重台灣地區原住民文化傳統及民族尊嚴。是故設立「台灣原住民賽夏族建設協會」有其正面的意義。而當我們高唱倡導維護傳統文化之際，亦要適應現代文明，從別的文化吸收長處彌補自己之短處，更應該奉獻自己的文化，供人交流，促進彼此和諧與幸福。若欲奉獻自己文化，就必先整理自己的文化與歷史，萃取精華，發揚光大，承先啟後，造福人群。如此發揚同舟一命，和衷共濟，團結一致，方使賽夏族更堅強，更茁壯，當可受族人之肯定及各界的重視。協會成立特以：「志節」，窮當益堅；「勤奮」，刻苦自勵；「互惠」，

萬事互動；「進步」，日新月異等格言。作為協會會徽做精神標誌，以資勉勵族人之努力方向。

　　冀望南北兩賽夏群，都能認同祖宗的寶貴遺產，共同努力去開創，相信不久的將來，賽夏族的興旺，如海闊天空，源遠流長。

　　又筆者屏東師範的學弟葉志德，現任新竹縣五峰國中校長，嫂夫人趙淑芝女士，現服務於新竹縣五峰鄉五峰國民小學校長，也首創編纂賽夏族母語教材，此書問世，賽夏族民無不感奮感欣至極，現正以此書供在各部落實施母語教學之教材。

台灣原住民系列 46

賽夏族神話與傳說

著者	達西烏拉彎・畢馬（田哲益）
文字編輯	薛尤軍
美術編輯	柳惠芬

發行人	陳銘民
發行所	晨星出版有限公司
	台中市407工業區30路1號
	TEL:(04)23595820　FAX:(04)23597123
	E-mail:service@morning-star.com.tw
	http://www.morning-star.com.tw
	郵政劃撥：22326758
	行政院新聞局局版台業字第2500號
法律顧問	甘龍強 律師
製作	知文企業（股）公司　TEL:(04)23581803
初版	西元2003年7月31日

總經銷	知己實業股份有限公司
	〈台北公司〉台北市106羅斯福路二段79號4F之9
	TEL:(02)23672044　FAX:(02)23635741
	〈台中公司〉台中市407工業區30路1號
	TEL:(04)23595819　FAX:(04)23597123

定價280元

國家圖書館出版品預行編目資料

賽夏族神話與傳說／達西烏拉彎‧畢馬著. ；－
－初版.－－臺中市：晨星，2003〔民92〕
面；　　公分.－－（台灣原住民系列；46）
著者漢名：田哲益

ISBN 957-455-456-2（平裝）

539.529　　　　　　　　　　92009270

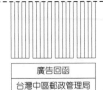
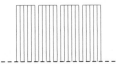

------ 請沿虛線摺下裝訂，謝謝！ ------

更方便的購書方式：

(1) **信用卡訂閱**　填妥「信用卡訂購單」，傳真至本公司。
　　　　　　　或　填妥「信用卡訂購單」，郵寄至本公司。

(2) **郵政劃撥**　帳戶：晨星出版有限公司　帳號：22326758
　　　　　　　在通信欄中填明叢書編號、書名、定價及總金
　　　　　　　額即可。

(3) **通　　信**　填妥訂購人資料，連同支票寄回。

◉如需更詳細的書目，可來電或來函索取。
◉購買單本以上9折優待，5本以上85折優待，10本以上8折優待。
◉訂購3本以下如需掛號請另付掛號費30元。
◉服務專線：(04)23595819-231　FAX：(04)23597123
　E-mail:itmt@ms55.hinet.net

◆讀者回函卡◆

讀者資料：

姓名：＿＿＿＿＿＿＿＿＿　　性別：□ 男　□ 女

生日：　／　　／　　　　　身分證字號：＿＿＿＿＿＿＿＿＿

地址：□□□＿＿＿＿＿＿＿＿＿＿＿＿＿＿＿＿＿＿＿

聯絡電話：　　　　　（公司）　　　　　　　（家中）

E-mail ＿＿＿＿＿＿＿＿＿＿＿＿＿＿＿＿＿＿＿＿＿

職業：□ 學生　　　□ 教師　　　□ 內勤職員　□ 家庭主婦
　　　□ SOHO族　□ 企業主管　□ 服務業　　□ 製造業
　　　□ 醫藥護理　□ 軍警　　　□ 資訊業　　□ 銷售業務
　　　□ 其他＿＿＿＿＿＿＿＿＿＿

購買書名：＿＿＿＿＿＿＿＿＿＿＿＿＿＿＿＿＿＿＿＿

您從哪裡得知本書： □ 書店　　□ 報紙廣告　　□ 雜誌廣告　　□ 親友介紹
□ 海報　　□ 廣播　　□ 其他：＿＿＿＿＿＿＿＿＿＿＿＿

您對本書評價：（請填代號 1. 非常滿意　2. 滿意　3. 尚可　4. 再改進）

封面設計＿＿＿＿＿版面編排＿＿＿＿＿內容＿＿＿＿＿文／譯筆＿＿＿＿＿

您的閱讀嗜好：

□ 哲學　　□ 心理學　□ 宗教　　□ 自然生態　□ 流行趨勢　□ 醫療保健
□ 財經企管　□ 史地　　□ 傳記　　□ 文學　　　□ 散文　　□ 原住民
□ 小說　　□ 親子叢書　□ 休閒旅遊　□ 其他＿＿＿＿＿＿＿＿＿＿

信用卡訂購單（要購書的讀者請填以下資料）

書　　　　　名	數　量	金　額	書　　　　　名	數　量	金　額

□VISA　　□JCB　　□萬事達卡　　□運通卡　　□聯合信用卡

・卡號：＿＿＿＿＿＿＿＿＿　・信用卡有效期限：＿＿＿年＿＿＿月

・訂購總金額：＿＿＿＿＿＿元　・身分證字號：＿＿＿＿＿＿＿

・持卡人簽名：＿＿＿＿＿＿＿＿（與信用卡簽名同）

・訂購日期：＿＿＿年＿＿＿月＿＿＿日

填妥本單請直接郵寄回本社或傳真(04)23597123